Michael Rosenberger
Im Geheimnis geborgen
Einführung in die Theologie des Gebets

D1727824

MICHAEL ROSENBERGER

Im Geheimnis geborgen

Einführung in die Theologie des Gebets

echter

Bibliografische Information der Deutschen Nationalbibliothek
Die Deutsche Nationalbibliothek verzeichnet diese Publikation in der Deutschen
Nationalbibliografie; detaillierte bibliografische Daten sind im Internet über
<http://dnb.d-nb.de> abrufbar.

© 2012 Echter Verlag GmbH, Würzburg
www.echter-verlag.de
Umschlag: Hain-Team, Bad Zwischenahn
Titelbild: © Heidrun Bauer SDS, dem göttlichen DU Raum geben (Ausschnitt), 2008,
Acryl-Mischtechnik auf Leinwand, 40 x 40 cm
Druck und Bindung: CPI – Clausen & Bosse, Leck
ISBN 978-3-429-03529-7

Inhalt

Einführung: Scheinbar völlig nebensächlich?

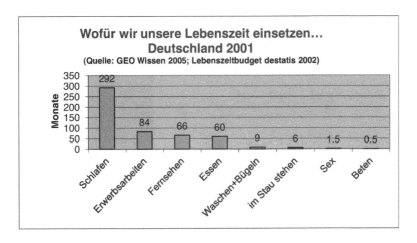

Wofür wir unsere Lebenszeit einsetzen...
Deutschland 2001
(Quelle: GEO Wissen 2005; Lebenszeitbudget destatis 2002)

Eine Lebenszeitbudgetanalyse des deutschen Statistischen Bundesamts destatis von 2001/2002 zeigt, dass jedeR Deutsche im Laufe seines bzw. ihres Lebens durchschnittlich rund zwei Wochen für das Beten verwendet. Zwei Wochen – einen halben Monat, ungefähr 0,5 Promille der Lebenszeit. Der Zeitanteil des Gebets am gesamten Leben und Erleben ist damit extrem gering. Es scheint, als sei das Gebet für das durchschnittliche menschliche Leben in der modernen Industriegesellschaft ziemlich unwichtig.

Allerdings wäre der Schluss von der Menge auf die Wichtigkeit ein Kurzschluss. Auch der Sexualität widmen die Deutschen im Laufe ihres Lebens nur 1,5 Monate und damit 1,5 Promille der gesamten Lebenszeit. Aber niemand käme auch nur entfernt auf den Gedanken, dass Sexualität für das menschliche Leben unwichtig sei. Im Gegenteil wissen wir, wie entscheidend ein sinnerfüllender Umgang mit der eigenen Sexualität für das Gelingen des Lebens ist. Die (Zeit-)Menge sagt also wenig bis gar nichts über die existenzielle Relevanz eines Vollzugs.

Eher schon könnte heute die Zahl einschlägiger Internetseiten ein grober Indikator für die Wichtigkeit eines Gegenstands sein. Was den Menschen wichtig ist, darüber werden sie sich in dem Medium aus-

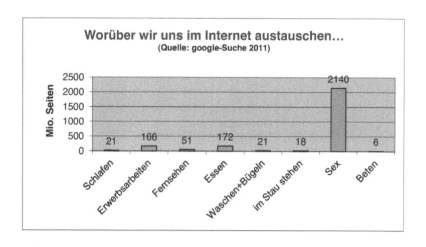

Worüber wir uns im Internet austauschen...
(Quelle: google-Suche 2011)

Mio. Seiten

2500 / 2000 / 1500 / 1000 / 500 / 0

Schlafen 21 · Erwerbsarbeiten 166 · Fernsehen 51 · Essen 172 · Waschen+Bügeln 21 · im Stau stehen 18 · Sex 2140 · Beten 6

tauschen, das zum ersten und wichtigsten Kommunikationsort geworden ist. Und in der Tat: Nimmt man eine Suchmaschine und gibt die Schlagworte der zitierten Lebenszeitbudgetanalyse von destatis ein, dann holt das Gebet gegenüber allen Vollzügen außer der Sexualität deutlich auf. Zwar bleibt es mit 6 Mio. Internetseiten weiterhin das Schlusslicht, doch der Abstand hat sich deutlich verringert. Offenbar geht es um einen für viele Menschen auch in der Moderne wichtigen Grundvollzug.

Selbst Menschen, die selber keine Gebetspraxis pflegen, gehen nicht selten der Frage nach, was denn Beten sei und was es womöglich »bringe«. Kommen sie in eine Klosterkirche, nehmen sie staunend und interessiert am Gebet der Mönche oder Nonnen teil und bewundern deren spirituelle Verwurzelung. Erleben sie das regelmäßige Tischgebet einer befreundeten Familie, drücken sie dafür ihren Respekt aus. Werden sie ZeugInnen einer muslimischen Gebetszeit, nötigt ihnen das nachdenkliche und ehrfürchtige Stille ab. Das Gebet beeindruckt und fasziniert also auch im aufgeklärten 21. Jh.

Dem trägt zwar eine unübersehbare Zahl praktischer Gebetsanleitungen und Gebetssammlungen Rechnung. Aber die Palette *wissenschaftlich-theologischer Reflexionen* bleibt sehr überschaubar und klein. Eine solche möchte dieses Büchlein im Sinne einer überblickshaften Einführung liefern. Nach einer Eingrenzung der Fragestellung und einer Einordnung in das »Fach« Theologie der Spiritualität (Kap. 1) soll zunächst die anthropologische Bedeutung des Betens analysiert werden (Kap. 2), ehe sein dezidiert theologischer Gehalt

(Kap. 3 und 4) und seine Bedeutung für das Verständnis der Kirche (Kap. 5) in den Blick kommen. Der Schatz jüdischen und christlichen Betens in der Bibel soll wenigstens kurz gestreift werden (Kap. 6), ehe die Aufmerksamkeit sich auf Ausdrucksformen (Kap. 7) und Gestalten (Kap. 8) des Betens richtet. Die seit Jahrhunderten am heißesten umstrittene Frage der Wirksamkeit des Bittgebets (Kap. 9) und die heute überaus dringliche Frage einer zeitgemäßen Gebetspädagogik (Kap. 10) schließen das Büchlein ab.

Als begrifflicher *Leitfaden* durch die gesamte Abhandlung dient der theologische *Begriff des Geheimnisses*. Spiritualität und Gebet können wir nicht rational-distanziert analysieren wie das Funktionieren eines Automotors oder das Gesetz der Schwerkraft. Vielmehr braucht es eine ganzheitliche, rationale und emotionale Annäherung an das Phänomen des Betens. Diese aber, so lautet eine uralte Erkenntnis der Theologie, ist nur möglich, wenn wir uns dem Geheimnis des menschlichen Lebens öffnen und dieses zulassen.

Was meint die Rede vom Geheimnis? Die Dogmatische Konstitution »Dei Filius« des I. Vatikanischen Konzils räumt im Jahr 1870 zwar ein, dass »eine gewisse Erkenntnis der Geheimnisse« des Lebens durch die Herstellung von Analogien zu innerweltlichen Vorgängen möglich sei. Doch nie sei das jene Art der Erkenntnis, wie sie üblicherweise der Vernunft zu eigen ist: Ein »Durchschauen der Wahrheiten« (perspicere veritatum) mag im Bereich der Naturwissenschaften möglich sein – im Bereich der Fragen nach dem Wesen und der Bestimmung des Menschen sei es unmöglich. »Denn die göttlichen Geheimnisse ... bleiben mit dem Schleier des Glaubens selbst bedeckt und gleichsam von einem gewissen Dunkel umhüllt« (DH 3016). Was das I. Vaticanum von Gott sagt, gilt selbstverständlich ebenso vom Menschen: Jeder Mensch ist und bleibt sich selbst und anderen ein Leben lang ein Geheimnis – sein Leben ist ihm permanent eine Frage, deren letzte Antwort er nicht ergründen kann (Karl Rahner 1967, 192). Der Grund der menschlichen Person ist ein unauslotbarer Abgrund. Damit steht der Mensch aber immer und unausweichlich vor der Frage, ob er sich dem Geheimnis seines Lebens anvertrauen kann oder ob er gegen es ankämpft wie gegen Windmühlenflügel; ob er sich fallen lassen kann und erfährt, dass das Geheimnis in der Lage ist, ihn zu tragen, oder ob er sich ängstlich verkrampft und sich dieser Erfahrung verschließt; ob er im Geheimnis daheim ist und Heimat findet oder ob es ihm fremd und bedrohlich bleibt.

Ein Geheimnis hat – solange es nicht zum angstbesetzten, zerstörerischen Tabu wird, sondern Freiheit, Ehrfurcht und Demut atmet – etwas Bergendes, Schützendes. Im Geheimnis kann ein Mensch daheim sein und Vertrauen in die Gutheit seines Lebens finden. Genau darum geht es wohl verstanden im christlichen Glauben. Der Glaube will beheimaten, bergen, wärmen und behüten. Doch tut er das recht verstanden nicht, indem er Gott und die Welt durchschaut und für alles eine glatte Antwort bietet. Vielmehr nähert er sich scheu und mit größter Vorsicht dem Geheimnis. Im Glauben wird das Geheimnis Gottes und des Lebens größer, nicht kleiner. Aber gerade dadurch immer wunderbarer.

Geheimnis: seit Martin Luther übliche Übersetzung des griechischen Begriffs μυστήριον. Ge*heim*nis meint die Innenseite der Wirklichkeit, die sich dem menschlichen Zugriff entzieht und doch zugleich be*heim*atender und tragender Grund dieser Wirklichkeit ist. Glaubende bekennen Gott als das Geheimnis der Welt.

1. Theologie des Gebets und Theologie der Spiritualität

Zur Fragestellung und zum Fach

Ehe man ein Thema darstellt, ist es wichtig, es zu verorten: Wo ist sein (materialer) Platz auf der theologischen Landkarte? Was sind seine Nachbarthemen? Welche Querverbindungen gibt es zu ihnen? Verortung bedeutet aber nicht nur eine Aussage über die material-inhaltliche Ansiedelung eines Themas, sondern auch über die formale Methode seiner Behandlung: Welche theologische Disziplin ist für die gegebene Fragestellung primär gefragt? Von welcher Warte aus wird sie vorrangig betrachtet? Dem soll hier vorab zur konkreten Durchführung nachgegangen werden.

1.1 Die Fragestellung: Was heißt das eigentlich: Beten?

Was heißt das eigentlich: Beten? Was tun Menschen, wenn sie von sich sagen, sie beteten? Dies ist letztlich die analytische Frage nach dem *Begriff des Betens*: Bedeutet Beten nur, sich selbst und sein Ego zu bespiegeln und die eigenen Gedanken durch die Adressierung an Gott aufzuwerten? Heißt es, die Kommunikation mit anderen Menschen einfach zu introvertieren und ins Innere der eigenen Psyche zu verlegen? Bedeutet Beten sich selbst zu beruhigen und Autosuggestion bzw. autogenes Training betreiben? Oder eher Träumen und sich nach und nach eine Traumwelt aufbauen, die einen den alltäglichen Sorgen entreißt? Ist Beten mithin das Einnehmen einer spirituellen Droge, die einen betäubt und den Alltag leichter ertragen lässt, wie das Karl Marx mit seiner These vom »Opium des Volks«[1] nahelegte? Aber selbst wenn das Gebet *auch* all das ist – ist damit über das Gebet schon alles gesagt? Ist es *nur* das? Oder kommt noch ein Aspekt dazu, der jenseits all dieser Beschreibungen aus der Distanz der Perspektive des unbeteiligten Beobachters liegt?

---

[1] »Die Religion ist der Seufzer der bedrängten Kreatur, das Gemüt einer herzlosen Welt, wie sie der Geist geistloser Zustände ist. Sie ist das Opium des Volks.« Marx/Engels-Werke, Berlin 1946ff, Bd. 1, 378.

Wenn das Gebet durch die Klärung dieser Fragen als Gegenstand klar bestimmt ist und die Mechanismen seiner Genese erhellt sind, ergibt sich eine Folgefrage: Was heißt das nun für das Wie des Betens, seine Zeiten und Orte, seine spezifische Sprache, seine Inhalte, den leiblichen Vollzug? Das ist die normative Frage nach der angemessenen *Praxis des Gebets.*

Beide Fragen werden in dieser Abhandlung theologisch und damit wissenschaftlich reflektiert. Es geht nicht um einen Exerzitienvortrag oder eine Predigt, auch nicht um einen erbaulichen Impuls für das persönliche geistliche Leben, sondern um eine sorgfältige und zugleich mühsame Reflexion. Die *Theologie des Gebets* fordert die Anstrengung des Begriffs. Sie muss sauber argumentieren, klar formulieren und präzisieren und im Widerstreit der Argumente pro und contra eine bestimmte Position plausibilisieren. Dabei steht sie im Dialog mit Glaubenden, Andersglaubenden und Nichtglaubenden. Auf der Basis vernünftigen Denkens tritt sie mit ihnen in einen Dialog.

Paradoxerweise gibt es im deutschen Sprachraum eine im *Curriculum des Theologiestudiums* verankerte Pflichtvorlesung mit dem Thema »Theologie des Gebets«, wenn ich es richtig sehe, nur an vier theologischen Fakultäten: an der katholischen Fakultät in Linz sowie an den evangelischen Fakultäten in Bochum, Hamburg und Heidelberg. Selbst an den Päpstlichen Universitäten in Rom ist ein solcher Kurs nicht zu finden. Das gibt zu denken. Denn immerhin sind wir hier am Kern jeder Theologie. So sagt der Mönchsvater Evagrios Pontikos (346 Ibora, Pontos – 399 in den Kellia, Ägypten): »Wenn du Theologe bist, betest du wahrhaftig; wenn du wahrhaftig betest, bist du Theologe«[2] (De oratione 60). Gebet ist also das Herz jeder Theologie, ihre Quelle und ihr Ziel. Eine Theologie, die sich nicht am Gebet orientiert und von ihm inspirieren lässt, bleibt seelenlos. Eine Theologie, die nicht auf ein je wahrhaftigeres, redlicheres und lebendigeres Beten zielt, dient zu nichts.

1.2 Der Gegenstand: Das Gebet

Damit wir die Untersuchungen über das Gebet beginnen können, brauchen wir zunächst eine Arbeitsdefinition. Diese mag im Verlauf

---

[2] Εἰ θεολόγος εἶ, π ροσεύξῃ ἀληθῶς, καὶ εἰ ἀληθῶς π ροσεύξῃ, θεολόγος εἶ.

der Abhandlung verfeinert, ergänzt oder gar korrigiert werden, sie muss aber am Anfang klar umreißen, wonach wir suchen bzw. was wir untersuchen. Eine erste Annäherung bietet die *Etymologie*: Im *Hebräischen* des Alten Testaments begegnen für das Phänomen des Betens vielfältige Begriffe. Folgende finden sich häufig:

- darasch = suchen
- halal = preisen
- palal (im Hitpael) = flehen
- chanan (im Hitpael) = Huld erbitten
- tefillah = Gebet
- tehillah = Lied

Damit ist schon eine große Bandbreite sowohl der möglichen Gebetsinhalte als auch der denkbaren Gebetsformen angedeutet. Es wird nicht leicht sein, all diese Varianten unter den Hut einer einzigen Definition zu bringen.
Das *Griechische* bietet in der Septuaginta und im Neuen Testament v.a. eine Wortwurzel:

- προσευχή bzw. προσεύχομαι = bitten, flehen
- εὔχομαι = sich rühmen – versprechen – beten, flehen

An der Tatsache, dass die eine Wurzel des Griechischen in der deutschen Übersetzung sehr viele Begriffe zur Auswahl fordert, zeigt den Wunsch der griechischen Bibel an, für viele benachbarte Phänomene einen Oberbegriff zu finden, ohne deren Vielfalt einzuebnen.
Diesen Weg geht tendenziell auch das *Lateinische*:

- oratio = Rede, Vortrag, Ansprache, Gebet und orare = reden, sprechen, beten werden aber ergänzt durch einen zweiten Terminus
- precari = bitten, ersuchen, der u.a. im modernen Englisch »to pray« weiterlebt.

Das *Deutsche* konzentriert sich auf den Begriff

- »beten«, der von »bitten« abgeleitet ist, was seinerseits auf »binden« = vertraglich fordern zurückgeht.

Eine brauchbare *Definition* des Gebets muss das Spektrum der etymologisch gefundenen Wortbedeutungen in etwa abdecken und auf den Punkt bringen. Sie soll aber zudem so weit gefasst sein, dass sie noch das Gebetsverständnis aller Religionen umgreifen kann. Wir gehen ja davon aus, dass auch Buddhisten, Muslime oder Angehörige von Naturreligionen beten. Eine dezidiert christlich-theologische Definition des Gebets bereits an dieser Stelle würde zu viele potenzielle Einsichten verschließen und den Dialog mit Anders- oder Nichtglaubenden verunmöglichen. Die gesuchte Definition muss also eine *religionswissenschaftliche* sein.

Natürlich: Eine alle überzeugende und alles umfassende Definition gibt es nicht. Carl Heinz Ratschow schlägt folgende Bestimmung vor: Gebet ist das »dialogische Gegenüber zu einem angesprochenen höheren Wesen« (Carl Heinz Ratschow 1984, 31). Damit setzt Ratschow v.a. auf zwei Elemente: Die Situation einer Begegnung des Menschen mit dem Göttlichen und deren kommunikative, dialogische Dimension. Beide Aspekte scheinen auch mir die unerlässlichen Eckpunkte eines Begriffs des Gebets zu sein. Jedoch möchte ich beide Formulierungen leicht abwandeln:

– Die Begriffe »dialogisch« und »angesprochen« betonen m.e. zu stark die Sprache. Die Möglichkeit nonverbaler Kommunikation, ja nonverbalen Kontakts mit dem Göttlichen, wie sie etwa in der Meditation im Vordergrund steht, wird von Ratschow zumindest nicht ausdrücklich gemacht, wenn nicht gar ausgeschlossen.
– Das »höhere Wesen« impliziert bereits die Annahme einer »Personalität« des Gegenübers. Ob das im Buddhismus oder in anderen fernöstlichen Religionen so akzeptiert würde, wage ich zu bezweifeln. Mir ist daher an dieser Stelle eine offenere Formulierung lieber.

Daher lautet mein *Vorschlag einer Definition*: Gebet ist die »bewusste ganzheitliche Begegnung mit dem Geheimnis«. Kurz einige Erläuterungen zu den verwendeten Elementen:

– bewusst: Gebet ist eine vom Menschen aktiv und zielgerichtet gesteuerte Handlung. Sie muss daher im Betenden bewusst sein und absichtlich geschehen – nicht unbedingt im Moment des Gebets (da ist sie idealerweise unbewusst – der Betende lässt sich fallen), wohl aber vor- und nachher in Vorbereitung bzw. Erinnerung.
– ganzheitlich: Gebet ist keine distanzierte Analyse, sondern ein Sich-hineinnehmen-Lassen in eine Beziehung. Daher kann es sich nicht allein im Wort oder im Denken vollziehen, sondern umfasst

notwendig Gefühl und leibhaftigen Ausdruck. Beten geschieht ganzheitlich.

- Begegnung: In Differenz zu Ratschow verstehe ich Beten nicht allein als Wortgeschehen. Mit Ratschow betone ich den Begegnungscharakter des Betens. Wäre Beten reine Selbstbespiegelung oder pures Selbstgespräch, würde ihm ein entscheidendes Moment verloren gehen.
- mit dem Geheimnis: Der Begriff des Geheimnisses scheint mir für alle Religionen akzeptabel. Er lässt viel Spielraum, denn er kann das apersonale Göttliche oder den personalen Gott meinen. Statt sich bereits bei der Gebetsdefinition auf die Streitfrage »personal oder apersonal?« einzulassen, wird das Gemeinsame aller Religionen betont: dass sie den Sinn für das Geheimnis der Welt und des Lebens wecken und pflegen wollen. Zugleich wird mit der Betonung des Geheimnishaften einer ritualistisch entleerten Interpretation des Betens der Boden entzogen. Nicht der Mund muss beten, sondern das Herz.

Gebet ist die bewusste ganzheitliche Begegnung mit dem Geheimnis.

1.3 Das »Fach«: Theologie der Spiritualität

In welchem Zusammenhang steht die Frage nach der Theologie des Gebets? In welchem theologischen »Fach« stellen wir sie? Das Gebet ist in allen Religionen Teil der Spiritualität. Nun gibt es an manchen theologischen Fakultäten wie z.b. in Wien einen eigenen Lehrstuhl für »Theologie der Spiritualität« oder sogar eigene (Master- bzw. Lizentiats-)Studiengänge wie in Münster oder Nijmegen, Rom oder Chicago. Meist aber wird dieser spezifische Zugang einem der anderen theologischen Fächer zugeschlagen. Zumindest gilt damit die theologische Reflexion der Spiritualität fast an allen Fakultäten als ein eigenständiger Zugang mit einzelnen Lehrveranstaltungen und einer eigenen Abteilung in der Bibliothek. Im deutschen Sprachraum haben sich daher die betreffenden TheologInnen aller Konfessionen, die aus unterschiedlichsten theologischen Disziplinen stammen, zur »Arbeitsgemeinschaft Theologie der Spiritualität« zusammengeschlossen und treffen sich regelmäßig zu Tagungen.

Was meint der *Begriff Spiritualität*? Der Begriff wurde erst in den 1960er und 1970er Jahren aus dem Französischen ins Deutsche und in andere Sprachen übertragen. Sein Gebrauch im nicht frankophonen Sprachraum ist mithin noch relativ jung. Historisch steht die weltweite Einführung des Begriffs Spiritualität für den kirchlichen Aufbruch in der Zeit des II. Vatikanischen Konzils: Das Konzil hat »spiritualité« dynamisiert und globalisiert.

Etymologisch steht am Ursprung die lateinische Wurzel »spiritualitas«, die bereits in frühchristlichen Schriften verwendet wird – erstmals im ersten Clemensbrief (als Adverb »spiritualiter«) und dann gehäuft bei Tertullian. »Spiritualitas« ist ihrerseits vom Adjektiv »spiritualis« abgeleitet – einem frühchristlichen Neologismus zur Übersetzung des neutestamentlichen Begriffs »πνευματικός«, geistlich (fünfzehnmal bei Paulus, bes. 1 Kor 2,10–3,3; fünfmal in Eph, Kol und zweimal in 1 Petr). Diesen wiederum setzt Paulus den Begriff »σαρκικός«, fleischlich, entgegen, was die theologische Verwendung des Adjektivs wie des Substantivs prägt: Fleischlich ist jemand, der sich völlig im Diesseits verschließt, spirituell der, der sich dem Wirken des Heiligen Geistes öffnet.

In den letzten beiden Jahrzehnten ist der Begriff »Spiritualität« ein Modewort geworden – mit dem Nachteil, dass er sehr schillernd verwendet wird. Für seine Definition möchte ich vier Elemente vorschlagen:

1) Spiritualität ist Leben *aus dem Heiligen Geist* (aus der göttlichen Gnade, aus der Verbundenheit mit Jesus Christus).

2) Spiritualität ist Leben im *Umgang mit der Wirklichkeit*. Dualistisch verstandene Weltferne oder Wirklichkeitsenthobenheit ist kein Kennzeichen authentischer Spiritualität. Vielmehr wird diese gerade in der alltäglichen Wirklichkeit die Spuren Gottes zu entdecken versuchen. Spiritualität deutet die »Zeichen der Zeit« (GS 4). Nichts in dieser Welt ist von einem spirituellen Umgang prinzipiell ausgeschlossen. Spiritualität meint eine bestimmte Form der Wahrnehmung der je geschichtlich vorfindbaren Situation in Einheit von Erkennen und Tun.

3) Spiritualität ist eine »*Gestalt* des Glaubens« (Bernhard Fraling 1970, 193): Sie ist mehr als eine bloße innere Grundhaltung, etwa der Hingabe, des gläubigen Vertrauens, der Hoffnung (vgl. Hans Urs von Balthasar 1965, 715). Sie umfasst diese zweifellos, schließt

aber zudem deren geschichtlich bedingten, je konkreten Ausdruck ein, ist also »fleischgewordene«, in einem Lebensstil gelebte Grundhaltung.

4) Spiritualität im Singular ist die eine, »epochale *Grund*gestalt des Glaubens« (Bernhard Fraling 1970, 193): Natürlich gibt es notwendig (!) Spiritualitäten verschiedener Individuen, Gruppen oder Bewegungen im Plural. Zunächst aber bezeichnet Spiritualität die in einer Zeit und einer Religion vorfindbare Grundgestalt geistlichen Lebens. Vorrangige Trägerin *christlicher* Spiritualität ist demzufolge die Kirche, deren Überlieferung in Schrift und Tradition die Gestaltwerdung der Spiritualität in eine konkrete Zeit hinein erst ermöglicht und deren Liturgie ihr den zentralen Kristallisationspunkt bietet. Christliche Spiritualität ist – bewusst oder unbewusst, gewollt oder nicht – immer kirchlich.

Aus diesen vier Komponenten lässt sich nun die Definition der Spiritualität in einem Satz zusammenfassen:

Spiritualität ist die von einer Religionsgemeinschaft überlieferte, epochale Grundgestalt des geistgewirkten, gläubigen Umgangs mit der Wirklichkeit.

Gegenstand der Spiritualität ist immer die Einheit von individueller und struktureller Wirklichkeit. Strukturelle Rahmenbedingungen als Ermöglichungsgrund individuellen Verhaltens müssen gleichermaßen spirituell durchdrungen und gestaltet werden. Klassisches Beispiel hierfür sind die Ordensregeln, Meisterstücke einer in Normen und Leitbilder gegossenen Spiritualität. Die Sorge um angemessene Strukturen in Kirche und Staat – in demokratischen Gesellschaften vorwiegend eine (kirchen-)politische Aufgabe – ist folglich keinesfalls nebensächlich. Im Gegenteil: Mystik und Politik sind untrennbar miteinander verbunden. Politik ohne Spiritualität wäre herz-los: Ihr fehlte die tragende Mitte. Und Spiritualität ohne politischen Biss bliebe halb-herzig: Sie wäre in romantischen Träumen gefangen. Die klassische Zweiteilung von Weltdienst und Heilsdienst als material voneinander abtrennbaren Bereichen ist damit überholt: In allem menschlichen Tun und Überlegen geht es um das Heil der Welt.
Spiritualität markiert in einer pluralen Welt einen Glaubensstandpunkt. Dieser mag pointiert und dezidiert vertreten werden, er bleibt

rechtfertigungspflichtig (!) und wird zugleich gerade so, nämlich als dezidiert vertretener *kommunikabel, rechtfertigungsfähig* gegenüber Menschen anderer Religion oder Weltanschauung (vgl. Andreas Renz/Hansjörg Schmid/Jutta Sperber 2006 [Hg.]), aber auch zwischen Menschen desselben christlichen Glaubens – sei es, um strittige Fragen zu klären, sei es, um diese Spiritualität weiterzugeben. Dazu muss er freilich vernunftmäßig erschlossen und plausibel dargestellt werden. Denn die *Vernunft* ist in der abendländischen Tradition die anerkannte Basis jeden Dialogs.

Genau dieser vernunftbasierte Dialog ad intra und ad extra über christliche Spiritualität ist Aufgabe des Fachs »Theologie der Spiritualität« als eines eigenen Faches oder Fachbereichs innerhalb des theologischen Fächerkanons. Sein *Materialobjekt* ist die christliche Spiritualität. Sein *Formalobjekt* ist einerseits die (primär) philosophische Anthropologie. Sie stellt aus der Außenperspektive des (relativ) distanzierten Beobachters die Frage, inwieweit Spiritualität dem menschlichen Existenzvollzug dient, ihn spiegelt und etwas über den Menschen und seine Gottesvorstellung sagt. Sein Formalobjekt ist andererseits die theologische Analyse. Diese untersucht aus der Binnenperspektive des engagierten Teilnehmers (also des spirituell lebenden Christen), inwieweit das Evangelium etwas von der christlichen Spiritualität und diese etwas von Gott sagt. Nach Karl Rahner ist Theologie immer zuerst und zuletzt Anthropologie: Da Gott verborgen bleibt, können wir letztlich nur über uns und über unsere Offenheit auf das absolute Geheimnis hin sprechen. Die beiden Formalobjekte der Theologie der Spiritualität lassen sich also gar nicht voneinander trennen.

In der hier vorgeschlagenen Ausrichtung ist die Theologie der Spiritualität *Teil der systematischen Theologie.* Natürlich muss sie auf biblische, historische und praktische Erkenntnisse zurückgreifen. Doch wird sie diese in einen systematischen Fragehorizont einordnen. Das gilt logischerweise auch für die hier vorgelegte Abhandlung einer Theologie des Gebets. Diese kann v.a. – und das soll von vornherein eigens betont werden – nicht primär oder ausschließlich liturgiewissenschaftlich erfolgen. Zu keiner Zeit war christliches Beten beschränkt auf die Liturgie. Wenngleich dem liturgischen Beten im kirchlichen Leben eine herausragende Rolle zukommt, wäre es doch eine Verkümmerung der Spiritualität, würden die ChristInnen nur in der Liturgie und nur in liturgischen Formen beten. Eine Theologie des Gebets muss also material weiter ausgreifen als eine liturgiewissenschaftliche Untersuchung, sie hat aber auch formal eine viel fundamentalere Perspektive: Es geht ihr nicht um Ort und Bedeutung des Gebets in der Liturgie, sondern im menschlichen Leben ganz allgemein.

1.4 Die spezifische Rolle einer Reflexion des Gebets für die Theologie

»Oratio est propriae religionis actus« – »Das Gebet ist der ureigenste Vollzug der Religion« (Thomas von Aquin, s.th. II–II, q 83 a 3). Mit diesem lakonischen Satz charakterisiert Thomas das Gebet als innersten Kern der Religiosität – wir würden heute sagen: der Spiritualität. Ohne Gebet wäre Religion nicht Religion und ein spirituelles Leben unmöglich. Die Reflexion dessen, was Gebet ist, kann also nicht beliebig zur Disposition gestellt werden. Ohne Theologie des Gebets wäre Theologie keine Theologie und eine Theologie der Spiritualität nicht möglich.

Insbesondere aber schlägt die Theologie des Gebets zu zwei theologischen Disziplinen eine besondere Brücke:

- Im Sinne des alten Satzes »*Lex orandi est lex credendi*« (»Das Gesetz des Gebets ist das Gesetz des Glaubens«) ist jedes Gebet »sprechender Glaube« (Gisbert Greshake 2005, 57) und ein Bekenntnis. Die Lehre der Kirche darf der Praxis ihres Betens nicht widersprechen, sondern muss sich vielmehr daran orientieren. Und wiederum möchte ich betonen: es geht hier nicht nur um das Gesetz liturgischen Betens! Nicht nur die Orationen der liturgischen Bücher sind normgebend für die kirchliche *Dogmatik*, sondern auch die persönlichen Gebete und Gebetsformen der Gläubigen – von den Gebeten großer Heiliger bis zu Ausdrucksformen des gläubigen Volkes in anderen Kulturen, von den Gebetsvertonungen der Gregorianik bis zu den Gebetstänzen in Afrika. Sie alle sind loci theologici, theologische Orte, auf die die kirchliche Lehre zurückgreifen muss. Dass umgekehrt dogmatische Festlegungen auch kritisierend und korrigierend auf die Gebetspraxis der Gläubigen einwirken müssen, versteht sich von selbst. Niemand glaubt allein, niemand betet allein. Beten ist immer Ausdruck gemeinschaftlicher Vollzüge und Bezüge.

– In einer Abwandlung möchte ich aber ebenso sagen: »*Lex orandi est lex vivendi*« (»Das Gesetz des Gebets ist das Gesetz guten Lebens«). Beten ist »praktischer Glaube« – es gibt menschlichem Handeln Orientierung und Korrektur, Motivation und Gelassenheit. Die christliche Gebetspraxis ist also nicht nur normgebend für die kirchliche Dogmatik, sondern auch für die kirchliche *Morallehre.* Wie sich Glaubende im alltäglichen Leben praktisch verhalten, wird durch ihr Beten maßgeblich mitbestimmt. – Wiederum gilt auch die Umkehrung: Moraltheologische Einsichten müssen kritisierend und korrigierend auf die Gebetspraxis der Gläubigen einwirken. Es gibt im christlichen Beten Auswüchse der Unbarmherzigkeit und Intoleranz, aber auch der Passivität und falsch verstandenen Gottvertrauens. Solche Auswüchse dürfen nicht unkommentiert hingenommen werden.

Wenn die Theologie des Gebets somit gerade zu Dogmatik und Moraltheologie eine Brücke schlägt, darf sie zu Recht als Herzstück der Theologie insgesamt bezeichnet werden. Im komplexen Gebäude theologischer Traktate und Themen kommt ihr durchaus eine besondere Rolle zu. Das Gebet ist der ureigenste Gegenstand der Theologie.

2. Jenseits von Selbstsucht und Selbstflucht

Beten als Sich-Hineinstellen in das Geheimnis des Lebens
(Anthropologie des Gebets)

»Wer bin ich? Sie sagen mir oft,
ich träte aus meiner Zelle
gelassen und heiter und fest
wie ein Gutsherr aus seinem Schloss.

Wer bin ich? Sie sagen mir oft,
ich spräche mit meinen Bewachern
frei und freundlich und klar,
als hätte ich zu gebieten.

Wer bin ich? Sie sagen mir auch,
ich trüge die Tage des Unglücks
gleichmütig, lächelnd und stolz,
wie einer, der Siegen gewohnt ist.

Bin ich das wirklich, was andere von mir sagen?
Oder bin ich das, was ich selbst von mir weiß?
Unruhig, sehnsüchtig, krank, wie ein Vogel im Käfig,
ringend nach Lebensatem, als würgte mir einer die Kehle,
hungernd nach Farben, nach Blumen, nach Vogelstimmen,
dürstend nach guten Worten, nach menschlicher Nähe,
zitternd vor Zorn über Willkür und kleinlichste Kränkung,
umgetrieben vom Warten auf große Dinge,
ohnmächtig bangend um Freunde in endloser Ferne,
müde und leer zum Beten, zum Denken, zum Schaffen,
matt und bereit, von allem Abschied zu nehmen?

Wer bin ich? Der oder jener?
Bin ich denn heute dieser und morgen ein andrer?
Bin ich beides zugleich? Vor Menschen ein Heuchler
und vor mir selbst ein verächtlich wehleidiger Schwächling?
Oder gleicht, was in mir noch ist, dem geschlagenen Heer,
das in Unordnung weicht vor schon gewonnenem Sieg?

Wer bin ich? Einsames Fragen treibt mit mir Spott.
Wer ich auch bin, du kennst mich, dein bin ich, o Gott!
(Dietrich Bonhoeffer 1980, Widerstand und Ergebung. Briefe und
Aufzeichnungen aus der Haft, Gütersloh, 179)

Mit diesem berühmten und packenden Gedicht führt uns der Theologe Dietrich Bonhoeffer in die Abgründe des Zweifelns und Fragens hinein, in denen er sich im Juli 1944 während seiner Haft befindet. Die Wahrnehmung seiner Angehörigen und Freunde, die ihn im Gefängnis in Berlin besuchen, steht seiner eigenen Wahrnehmung so fern, wie man es sich nur vorstellen kann. »Wer bin ich?« Immer wieder stellt Bonhoeffer die Frage nach seiner Identität. Erst im allerletzten Satz wird das Gedicht zum Gebet – an das Du Gottes gerichtet. Mit größter Vorsicht tastet sich Bonhoeffer an den geheimnisvollen Gott heran. Und doch legt er die Antwort auf die Frage nach dem Geheimnis der eigenen Person am Ende sehr bewusst und entschlossen in das größere, umfassendere Geheimnis Gottes hinein. Das Beten hilft ihm, sich dem Geheimnis anzuvertrauen und die lebensbedrohlichen Ungewissheiten der Gegenwart auszuhalten.

Kann Beten helfen, sich selbst zu erkennen und zu finden? Kann es den Betenden mit allen Unsicherheiten des eigenen Lebens versöhnen, obgleich diese bestehen bleiben? Was sagt das Gebet über den (betenden) Menschen? Diese Frage soll hier zunächst unabhängig davon beantwortet werden, ob es Gott gibt oder ob er nur eine Chiffre, ein literarisches Stilmittel oder eine psychologische Hilfskonstruktion ist. Denn selbst wenn dem so wäre, würde das Beten etwas über den Menschen und seine existenziellen Herausforderungen sagen, und auch über seine Versuche, mit diesen umzugehen. Selbst dann könnte Beten hilfreich sein zur Bewältigung der eigenen Existenz.

Das Formalobjekt dieses Kapitels ist also die Philosophie, näherhin die philosophische Anthropologie. Weitgehend rezipieren wir Positionen von (Religions-)PhilosophInnen. Wo darüber hinaus Anregungen von TheologInnen aufgegriffen werden, sind es solche, die per se keine dezidiert theologische Imprägnierung tragen. Die hier dargelegten Ausführungen sollten also auch Nichtglaubenden relativ plausibel sein.

2.1 Beten – sich seine Identität schenken lassen.
Entdeckungen der Analytischen (Sprach-)Philosophie

Eine wichtige Inspirationsquelle der philosophischen Annäherung an das Phänomen des Betens ist die Analytische Philosophie. Entwickelt am Beginn des 20. Jh., sucht sie die Lösung philosophischer Probleme durch die Analyse des alltäglichen Sprachgebrauchs philosophischer Schlüsselbegriffe. Sie entwickelt sich zunächst zu einer eigenen »Schule«, später zu einer eher pluriformen Richtung der Philosophie, die schließlich als Methode in zahlreiche philosophische Ansätze Eingang gefunden hat. Im Gegensatz zur vorwiegend kontinentaleuropäischen Existenzphilosophie findet sie ihren Verbreitungsraum hauptsächlich im angloamerikanischen Bereich. Auch ihre deutschsprachigen Vertreter wie Rudolf Carnap und Ludwig Wittgenstein wandern dorthin aus. Ihre Begründer sind George Edward Moore (1873 London–1958 Cambridge) und Bertrand Russell (1872 Trellech, Wales–1970 Penrhyndeudraeth, Wales). Ziel ist nicht wie in der zeitgleich entstehenden Phänomenologie die Etablierung von Wahrheiten, sondern die Analyse von Begriffen. Dies führt zur »linguistischen Wende«, d.h. zur Beschäftigung mit der Sprache als zentralem Ansatz. Treffend charakterisiert das eine programmatische Äußerung von John Langshaw Austin (1911 Lancaster–1960 Oxford): Es gehe um die Analyse der Alltagssprache unter der Frage, »was wir wann sagen würden und ... warum, und was wir damit meinen« (John Langshaw Austin 1975, 185). Die Sprachanalyse könne damit als »linguistische Phänomenologie« (John Langshaw Austin 1975, 182) bezeichnet werden, denn in der Sprache schienen die Phänomene der Wirklichkeit auf.

Bezogen auf unser Thema fragt die Analytische Philosophie v.a.: Was meinen Menschen, wenn sie beten, d.h. einen Gott oder eine göttliche Sphäre ansprechen? Welchen Gehalt, welche Bedeutung, welchen Sinn erschließt derartiges Reden? Welche Potenziale stecken darin? Fakt ist, dass viele Menschen beten – es kann also nicht sein, dass das völlig sinnlos ist. Umso mehr muss aber kritisch gefragt werden, worin denn die wirkliche Bedeutung des Betens als Sprechen liegt. Genau hier liegt die genuine Kompetenz von PhilosophInnen als SprachlehrerInnen.

Im deutschen Sprachraum hat der Religionsphilosoph *Richard Schaeffler* mit seiner »Kleine[n] Sprachlehre des Gebets« von 1988 wohl die umfassendste Anwendung sprachanalytischer Kategorien auf das Gebet präsentiert. Schaeffler gründet seine Überlegungen ganz »klassisch« auf die Sprechakttheorie. Nach ihr sind sprachliche Äußerungen Handlungen, die jemand vollzieht, indem er einen Satz äußert. Sprache ist Interaktion – sie bewirkt etwas.[3] Was also bewirkt das Gebet? In seiner Beantwortung orientiert sich Schaeffler an dem jüdischen Philosophen Herrmann Cohen (1842 Coswig–1918 Berlin), der Kants Religionsanalyse weiterführt und zwei wesentliche Äußerungen des Gebets sieht:

a) Beten heißt, den Namen (Gottes) anrufen und sich so Identität schenken lassen: Im Anrufen eines Namens erinnert sich der Rufende an die Identität des Angerufenen und kann diesem begegnen. Er erinnert sich damit aber zugleich an seine eigene Identität, die wesentlich von der Beziehung zu dem Angerufenen geprägt ist. So kann er sich diese neu aneignen in Kontinuität und Differenz: Er bleibt derselbe, indem er sich wandelt und die alte Beziehung neu aufnimmt. Gerade wenn sich zwei Menschen begegnen und mit Namen ansprechen, die sich jahrelang nicht gesehen haben, kann man das intensiv erleben und beobachten.

Genau das geschieht aber beim Anrufen nicht nur des Namens eines Mitmenschen, sondern auch des Namens Gottes: Im Gebet bindet der Mensch seine Identität und Kontinuität an den ewigen, stets da seienden Gott (Ex 3,15), dessen »uralte Taten« immer neu aufleuchten (so der Text der Oration zur Exodus-Lesung in der Osternacht). Diese Identität wird ihm geschenkt und garantiert. Er braucht keine Angst darum haben, dass sie verloren gehen könnte. Denn Gott wird als der angerufen, »dessen Treue allein sicherstellt, dass unsere Vergangenheit bei ihm ... unverloren ist und dass wir auf dem Wege in unsere Zukunft unsere Identität nicht verlieren« (Richard Schaeffler 1988, 30). Bei Gott bleibt der Mensch in Erinnerung, er geht nicht verloren.

b) Beten heißt erzählen und so (diachron) die eigene Lebensgeschichte ordnen und (synchron) die Beziehung zum Gegenüber stärken: Im Beten bringt der Betende erzählend sein Leben vor Gott. Solches Erzählen hat nach dem US-amerikanischen Philosophen Arthur Cole-

---

[3] Allerdings hält Schaeffler Austins Unterscheidung von vier Sprechaktklassen (s.u. Kap. 5.1) für nicht auf das Gebet anwendbar, weil er dieses zunächst nur als Kommunikation mit Gott versteht (Richard Schaeffler 1988, 18f). Gott aber braucht weder informiert noch motiviert werden – er ist es immer schon, denn er ist allwissend und allgütig.

man Danto (*1924 Ann Arbor, MI) die Funktion, die Gegenwart im Blick auf die Vergangenheit zu organisieren und umgekehrt die Vergangenheit im Blick auf die Gegenwart. Erzählen ordnet, deutet und klärt. Der Blick des Betenden auf die in der Bibel erzählte Heilsgeschichte klärt seine eigene, ganz persönliche Lebensgeschichte, indem sich Analogien auftun und umfassendere Perspektiven sowie durchgehende Linien sichtbar werden. Umgekehrt lässt seine Lebensgeschichte viele Begebenheiten der Heilsgeschichte leichter verstehen (diachron). Erzählen verbindet aber auch die Lebensgeschichten der kommunizierenden Personen: Das »Weißt du noch?« dient der Vergewisserung und Stärkung ihrer Beziehung (synchron). Ob lang Verheiratete am Hochzeitstag nochmals von ihrer Hochzeit erzählen oder Eltern ihren Kindern Begebenheiten des eigenen Lebens – immer geht es darum, die kollektive Identität zu stärken und die Gemeinschaft zu vertiefen. Geteilte Erzählungen schweißen zusammen.

Beide Funktionen findet Schaeffler auch im Gebet verwirklicht. Diachron betrachtet wird Gott angerufen als »der, dessen vergangene Taten der Mensch so erzählen kann, dass er dadurch für seine eigene Lebensgeschichte Deutung und Maßstab empfängt … und dem der Mensch seine eigenen Taten und Leiden so erzählen kann, dass sie sich dadurch zu einem ›geraden‹ Weg zusammenfügen« (Richard Schaeffler 1988, 69). Und synchron stärkt und bereichert das Erzählen vor Gott die Beziehung zu ihm.

Aus Cohens und Schaefflers Analyse ergeben sich – noch immer unabhängig davon, ob es Gott gibt – zwei wesentliche Forderungen an gelingendes Beten: Es muss erstens ein angemessenes Anrufen des Namens vermitteln und zweitens erzählen. Beides ist nicht selbstverständlich.

– Viele der noch immer im kirchlichen Gebet verwendeten *Gottesnamen* treffen nicht das gesunde Empfinden (den »sensus fidei«) der Glaubenden. Sie verunmöglichen die religiöse Identitätsbildung mehr, als dass sie sie fördern. Hier könnte der Islam mit seiner Sammlung der »99 Gottesnamen«, die in Wahrheit weit über 100 sind, einen ehrfürchtigeren und aufmerksameren Umgang mit der Gottesanrede lehren. Und das Judentum, das seinen (einzigen) Gottesnamen nur schreibt und liest, aber nicht ausspricht, könnte die Kostbarkeit unterstreichen, die ein treffender Name für Gott bedeutet. Er ist wie der Kosename, den Geliebte einander geben. Er enthält eine Kraft, die Berge zu versetzen weiß. – Auch das *Erzählen* ist bei weitem nicht immer die Grundmatrix christlichen Betens. Obwohl die sog. Anamnese des liturgischen Betens hier einen guten Anhaltspunkt böte, bleiben die narrativen Elemente des Gebets oft abstrakt und blass. Zudem wird oft nur von der allgemeinen Heilsgeschichte erzählt, nicht aber von der eigenen Lebensgeschichte – so als wäre das eigene Leben kein Teil der Heilsgeschichte. Dabei wäre im Sinne Schaefflers gerade die gelungene Verbindung beider das befreiende und eröffnende Element des Gebets.

2.2 Beten – sich selbst und die Welt immer ehrlicher wahr-nehmen. Erkenntnistheorie des Gebets

»Die Grenzen meiner Sprache bedeuten die Grenzen meiner Welt« (Ludwig Wittgenstein, Tractatus logico-philosophicus 5.6). Mit diesem Satz umreißt Ludwig Wittgenstein eine wichtige Einsicht: Was wir nicht in Worte fassen können, bleibt uns Menschen unfassbar. Wir können es nicht begreifen. Das gilt für Sprachhandlungen aller Art. Auch für das Beten. Beten als Sprechen hat eine Potenz der Welteröffnung – was treffend ins Gebet genommen wird, erschließt sich dem Betenden. Beten als Sprechen hat aber auch eine Potenz der Weltverschließung – denn wo Gebetsformulierungen der Wirklichkeit nicht angemessen sind, wo sie die eigene Lebens- und Glaubenserfahrung nicht treffen, blockieren sie den Zugang zur Wirklichkeit. Diese Welteröffnung oder Welterschließung ist dabei keine rein intellektuelle Frage, wie Anselm Grün 1979 in seinem Büchlein »Gebet und Selbsterkenntnis« betont. Vielmehr führe Erkenntnis zur Heilung. Denn einerseits zwinge und helfe das Gebet zur Selbsterkenntnis im Sinne einer kritischen *Diagnose*. Es zwinge zur Selbsterkenntnis, weil der Mensch nur beten könne, wenn er sich selbst ehrlich wahr-nehme; und es helfe zur Selbsterkenntnis, weil es von jeglicher Selbstbespiegelung befreie, indem es (etwa im Lesen eines Psalms) die Außenperspektive Dritter einnehmen lasse. Andererseits führe das Gebet zur Heilung, zur *Therapie* des Selbst – durch positive Gedanken, die Hoffnung, Zuversicht und Bestärkung wecken.

So recht Grün mit seiner Verbindung von Erkenntnis und Heilung, Diagnose und Therapie hat, so einseitig ist seine optimistische Einschätzung, das Gebet werde automatisch Erkenntnis und Heilung schenken. Diese Aussage wird man doch eher als Appell denn als Feststellung lesen müssen. Umso mehr stellt sich dann aber die Frage: Was sind die Kriterien dafür, dass das Gebet tatsächlich Welt öffnet und nicht verschließt, dass es erkennen lässt und heilt und nicht blind und krank macht?

In einer ersten groben Annäherung ließe sich vielleicht sagen: Gebet muss echter Dialog sein, *Hören und Reden* umfassen. Wer beim Gebet Monologe führt, wird kaum zu Erkenntnis und Heilung gelangen. Wiederum sei betont, dass dieses Hören auch dann möglich wäre, wenn es Gott nicht gäbe. Denn jedes Gebet enthält überindividuelle Elemente, die von außen kommen – Floskeln und Schlüsselbegriffe aus der eigenen religiösen Tradition; Bibelverse oder Anspielungen auf solche; auswendig gelernte Gebete; überkommene Gesten und Rituale usw. All das sind Elemente, die ein Gegenüber repräsentieren und Erfahrungen Unbeteiligter ins Spiel bringen, auf die Betende hören können. Schon psychologisch betrachtet ist damit ein Gebet potenziell mehr als ein Selbstgespräch (das nämlich, wenn es wirklich ein Selbstgespräch ist, all diese Repräsentationen der Tradition nicht oder höchstens in Spuren enthält).

Die entscheidende Aufgabe des Betenden wird es aber bleiben, diese Repräsentationen eines gemeinschaftlichen Gegenübers auch wahrzunehmen und zu verinnerlichen. Beten ermöglicht das Hinhören, erzwingt es aber nicht. Das betont Karl Rahner bereits 1949 in seiner großartigen Abhandlung über das Gebet. Beten, so Rahner, kann auch von der Selbsterkenntnis wegführen. Der Mensch kann durch Beten vor sich selbst fliehen, er kann die Tiefen seines Herzens verschütten, auch als treuer und braver Christ. Denn der äußerlich vollzogene Glaube kann eine Fassade sein, die das Eigentliche verbirgt. Gebetsfloskeln können den Blick auf die Wirklichkeit des eigenen Lebens verstellen. Eine völlige Verobjektivierung des Gebets im schematischen Absolvieren vorformulierter Gebete blockiert den Blick auf die subjektive, ureigene Lebenswirklichkeit. Ziel des Betens ist es jedoch, »den verborgenen Zustand seines Herzens wie im Spiegel an[zu]blicken« (Karl Rahner 1949, 12). Der Mensch braucht einen (objektiven) Spiegel, und der kann im überlieferten Gebetsschatz der Tradition gesehen werden. Zugleich muss er sein (subjektives) Innerstes, sein Herz vor diesem Spiegel öffnen – sonst wird er darin nichts erkennen. Rahner ruft deshalb zur steten Selbstkritik und Gewissenserforschung auf: Bin ich im Gebet wirklich bei mir und meinen innersten Regungen? Bete ich in diesem Sinne wirklich offen und ehrlich?

Auf die gegenteilige Versuchung macht Andreas Knapp (2005) aufmerksam: Wer sich im Gebet krampfhaft festhält, wer sich auf seine eigenen Probleme und Gedanken fixiert, landet entweder in egozentrischer Selbstsucht und narzisstischer Selbstübersteigerung oder in panischer Selbstflucht, tiefem Selbsthass und zerstörerischer Selbstverneinung. Beides verbaut den Weg zu einer realistischen und nüchternen Wahrnehmung der Welt und des eigenen Lebens. Den Schlüssel im Umgang mit dieser Versuchung sieht Knapp darin, sich selbst als Geheimnis anzunehmen und sich auf diese Weise loszulassen, um sich zu gewinnen (Mk 8,35). Es geht um einen Akt der Gelassenheit und der inneren Freiheit. Und dieser Akt wird leichter im Angesicht eines (vorgestellten oder realen!) Du vollzogen, dem sich der betende Mensch anvertraut, und noch leichter vor dem Du des christlichen Gottes, weil dieser in Jesus von Nazaret selbst das Geheimnis eines menschlichen Lebens angenommen hat. Ein wahrhaft befreiendes Gebet ist nach Knapp (in Orientierung an Ignatius von Loyola, EB 234, s.u. Kap. 4.3) dann ein Akt der Selbstübereignung, des liebenden Sich-Anvertrauens an das Leben. Die Liebe wird zum entscheidenden Kriterium guten Betens – jene Liebe, die der Beter empfangen hat, und jene, die er verschenkt.

Die beiden von Rahner und Knapp geschilderten Versuchungen können gut komplementär gelesen werden: Als Flucht in den Objektivismus und als Flucht in den Subjektivismus. Dabei ist die erste Versuchung, die Rahner schildert, eher die der 50er und 60er Jahre des 20. Jh. und sehr »konservativer« ChristInnen heute, die zweite Versuchung, die Knapp beschreibt, eher die des beginnenden 21. Jh. und sehr »progressiver« ChristInnen heute. Zusammengenommen plädieren beide für eine ausgewogene *Balance von Objektivität und Subjektivität* im Beten und vor allem für deren fruchtbare Verbindung. Denn nur so kann der Glaubende »den verborgenen Zustand seines Herzens wie im Spiegel anblicken« (Karl Rahner 1949, 12).

Von seiner ursprünglichen Intention her ist Gebet die *liebende Begegnung mit der Wirklichkeit*: Es ermöglicht deren Schmecken und Verkosten von innen her (»sentir y gustar internamente«, Ignatius von Loyola, EB 2), so dass uns in ihr Neues, Überraschendes aufgeht und Zukunftsperspektiven zeigt. Denn die Wirklichkeit ist für den Glaubenden das primäre Evangelium – noch vor jenem, das von Jesus von Nazaret erzählt. Beten ist rechtes Wahr-Nehmen und so gesehen ein Grundvollzug des Menschseins, eine »therapeutische Meditation« (Vincent Brümmer 1985). Und das gilt – ich wiederhole es nochmals – unabhängig davon, ob es Gott gibt oder nicht. Dass die »Technik« oder »Übung« des Betens einem Gelingen des menschlichen Lebens förderlich sein kann, kann auch ein Atheist verstehen.

3. Mit Gott reden?

Beten als Sich-Hineinstellen in das Geheimnis des anderen
(Dogmatik des Gebets)

»Was weiß ich schon von dir?«, fragt der Liedermacher Reinhard
Mey in einem seiner älteren Lieder (Reinhard Mey 1979, CD Keine
ruhige Minute). Er kennt die Gewohnheiten, Charaktereigenschaften
und Verhaltensweisen seiner Frau außerordentlich genau und kann
sie minutiös beschreiben – voll Liebe und Zuneigung –, und doch ist
ihm bewusst, dass er nur eine leise Ahnung darüber hat, was in ihrem
Innersten vorgeht und sich in ihrem Herzen abspielt. Es scheint pa-
radox und ist doch ein Grundgesetz liebender Erkenntnis: Je mehr
man mit einem anderen Menschen vertraut ist, je mehr man ihn kennt
und von ihm weiß, umso klarer ist man sich auch des bleibenden, ja
wachsenden Geheimnisses bewusst, das dieser Mensch in sich trägt.
Liebende Erkenntnis beseitigt das Geheimnis des anderen nicht, sondern nimmt es ehrfurchtsvoll an als ein Geschenk.

Was Mey über die zwischenmenschliche Beziehung zu seiner Frau
sagt, gilt auch für die Beziehung glaubender Menschen zu Gott: Sie
ahnen ihn, sie spüren manche seiner »Eigenschaften«, aber sie durchschauen ihn nicht, sondern wissen, wie viel ihnen verborgen bleibt:
Wenn schon der Mensch ein unauslotbares Geheimnis ist, um wie viel
mehr dann Gott!

Bisher hatten wir uns der philosophisch-anthropologischen Frage ge-
widmet, was das Gebet über den betenden Menschen aussagt. Jetzt
kommen wir zur eigentlich theologisch-dogmatischen Frage, was das
Gebet über Gott sagt, von dem wir glauben, dass es ihn gibt. Und da
dies eine Abhandlung christlicher Theologie ist, wird material nur das
christliche Gebet untersucht – in den formalen Kategorien christlicher Theologie. Naturgemäß werden andere Religionen in ihren
Theologien andere Ergebnisse präsentieren. Daher wird die Perspektive am Schluss des Kapitels religionswissenschaftlich geweitet und
für den interreligiösen Dialog geöffnet. Es könnte sich zeigen, dass
gerade das christliche, trinitarisch geprägte Beten beachtliche Brü-
cken zu den Gebetserfahrungen anderer Religionen ermöglicht.

3.1 Das bergende Geheimnis »du« nennen (Gotteslehre)

Gott ist und bleibt ein Geheimnis, ja das Geheimnis des menschlichen Lebens und der Welt. Das soll und muss im christlichen Gebet stets deutlich werden. Er ist kein »dingfest« zu machender Gott, dem wir vorschreiben könnten, was er zu tun oder zu lassen hat oder von dem wir exakt sagen könnten, wo er in den Lauf der Welt eingegriffen und was er damit beabsichtigt und bewirkt hat. Denn täten wir das, wäre er nicht mehr Gott, sondern ein menschengemachter Götze, ein selbstgeschnitztes Bild und ein Produkt unserer Phantasie. Das Gebet wäre dann tatsächlich reine Selbstbespiegelung, pures Reden ohne zu hören. Es gehört daher zu den größten spirituellen Herausforderungen, im Gebet dem wahren, d.h. dem geheimnisvollen Gott standzuhalten (Karl Rahner 1949, 20) und ihn nicht mit unseren Gedanken über ihn oder unseren Vorstellungen von ihm zu verwechseln (Karl Rahner 1949, 46). Es gilt, das Geheimnis Geheimnis sein zu lassen, es zu respektieren. Genau das ist die Haltung, die die spirituelle Tradition klassisch als »Ehrfurcht« beschreibt. Ehrfurcht umfasst eine Scheu, eine große Vorsicht, nicht zu weit zu gehen in der Annäherung an den Unbegreifbaren, eine Selbstzurückhaltung im Bewusstsein der Versuchung, sich Gottes bemächtigen zu wollen.

Diese Zurückhaltung fasst die Bibel im *Bilderverbot* zusammen (Ex 20,4; vgl. Dtn 5,8): »Du sollst dir kein Gottesbild machen und keine Darstellung von irgendetwas am Himmel droben, auf der Erde unten oder im Wasser unter der Erde.« Wohlgemerkt geht es dabei nicht nur um das Verbot, sich von Gott ein Bild zu machen. Vielmehr wird dieselbe Ehrfurcht auch vor jedem Geschöpf gefordert – von keinem soll ein Bild gemacht werden, das das Geschöpf als Ding und als Besitz erscheinen lässt. Jedes Geschöpf birgt sein Geheimnis in sich – und das sollen wir ihm belassen und respektieren.

Nun hat das Christentum im Unterschied zu Judentum und Islam das Bilderverbot im Kontext der »Heidenmission« sehr schnell aufgegeben und diese offenere Linie gegen alle wiederkehrenden Bilderstürme der Kirchengeschichte durchgehalten. Das lässt sich durchaus rechtfertigen – man kann Bilder mit der gebotenen Scheu und Ehrfurcht vor den dargestellten Personen oder Geschöpfen behandeln. Und doch steckt im Bilderverbot des Alten Testaments die urmenschliche Erfahrung, dass Bilder zur Verdinglichung der dargestellten Individuen verführen. Wer Bilder zulässt wie das Christentum, muss also doppelt vorsichtig sein, sich nicht des Geheimnisses von Gott und seinen Geschöpfen zu bemächtigen.

»Deus semper maior« – »Gott ist immer größer« (Ignatius von Loyola) als all unsere Vorstellungen von bzw. Gedanken über ihn. Ja mehr noch: Gott ist »der ganz Andere« (Karl Barth), der Fremde und manchmal auch Unheimliche, der Erschreckende und Bedrohliche. Eine Fülle von Geschichten erzählt die Bibel, die das untermauern und belegen. Es muss also im Gebet darum gehen, seine Abgründe zu erspüren und auszuhalten – und seine Größe zu erahnen und vor ihr zu erschauern.

Es gehört zu den Erfahrungen des Gebets, dass *Gott Schweigen* ist (Karl Rahner 1949, 20). Er begegnet den Betenden als sich entziehender, sich verbergender, sich immer und immer weiter zurücknehmender. Und so gehört es zu den schwersten, aber auch wichtigsten Gebetserfahrungen, dass Gott manchmal in unendliche Ferne zu rücken scheint.

Ohne das eben Gesagte zu relativieren oder gar zu negieren, gilt aber im Kontext des christlichen Glaubens immer eine zweite Wahrheit – als spannungsgeladener Kontrapunkt zur ersten: *Gott ist der Gegenwärtige*, der »Ich-bin-da« (Ex 3,15), der sich Schenkende. Diese Selbstgabe und Selbstmitteilung Gottes hebt seine Geheimnishaftigkeit ebenso wenig auf wie die Selbstgabe eines Menschen dessen Geheimnis mindert. Im Gegenteil: Gott schenkt sich *als* Verborgener und wird durch den Akt des Sich-Schenkens noch mehr ein Verborgener. Die Liebe, in der Betende Gott aufnehmen, löscht das Geheimnis Gottes nicht aus, sondern respektiert und schützt es und lässt es noch größer erscheinen.

So ist Gott im christlichen Verständnis nicht nur der Fremde, Unbegreifliche, sondern zugleich und *als* solcher ein vertrautes Gegenüber. ChristInnen dürfen Gott mit »du« anreden (noch vorab zu der Frage in Kap. 4, wie dieses »du« recht verstanden werden kann): »Zu ihm spricht unser Herz. Was sagt es eigentlich? ... Dieses Herz sagt sich selbst. Und darum kann eigentlich kein Mensch sagen, was es spricht, denn ein Herz kann man nicht in Worte umsetzen. Es sagt zu seinem Gott: Du!« (Karl Rahner 1949, 22). Das »du« ist genau besehen das wichtigste, was Betende Gott zu sagen haben. Noch vor einem Namen und einer Erzählung (s.o. Kap. 2) schafft dieses »du« eine Beziehung größtmöglicher Nähe und tiefsten Vertrauens.

34

Wenn der Mensch in Glaube und Gebet Gott als das nahe, bergende und liebende Geheimnis annimmt, dann begreift er ihn als Grund des Geheimnisses seiner eigenen Person. Gott wird für ihn zum »interior intimo meo« – zu dem, der »innerlicher als das Innerste« ist (Augustinus, Confessiones 3, 11). »Und er hat nicht mehr in sich selbst seinen Mittelpunkt, sondern in Gott, drüben und doch erst so ganz in sich, weil Er uns ja innerlicher ist als wir uns selbst« (Karl Rahner 1949, 22). Wenn also Gott das nahe, liebende und sich schenkende Geheimnis ist, dann ist das *Gebet die vertrauensvolle Selbstübergabe an dieses nahe, bergende Geheimnis.* Es ist Ausdruck der Liebe. Es ist Hingabe.

3.2 »O Gott, komm mir zu Hilfe!« Sich das (innere) Beten schenken lassen (Gnadentheologie/Pneumatologie)

Wenn Beten ein Ausdruck der Liebe ist, dann gilt für das Beten wie für die Liebe: Man kann sie bzw. es nicht »machen«. Kein Mensch kann sich zwingen, jemand anderen zu lieben. Er kann sich zwingen, ihn gerecht zu behandeln, er kann sich ebenso zwingen, ihm Gutes zu tun. Aber Liebe ist eine innere Haltung, die keinem Willensbeschluss folgt – sie kann nur geschehen. Deswegen rechnet die christliche Spiritualität die Liebe zusammen mit Glaube und Hoffnung zu den theologischen, d.h. gottgegebenen Tugenden. Es ist Gnade, wenn ein Mensch glauben, hoffen und lieben kann. Es wird ihm geschenkt. Ebenso ist es eine Gnade, wenn ein Mensch im Vollsinn des Wortes beten kann. Natürlich: Die Worte kann er auf Grund eines eigenen Willensentschlusses mit seinen Lippen und seiner Zunge formen. Die Knie kann er ebenfalls aus eigenem Entschluss beugen (Karl Rahner 1949, 24). Aber ob sein Herz betet, ob der Betende sich fallen lassen kann in das Du des Anderen, das hängt nicht von ihm allein ab (Karl Rahner 1949, 23). Das ist Gnade. Denn der äußere Vollzug von Formeln und Körperhaltungen ist nur eine Vorbereitung auf das innere Geschehen. Der Mensch bereitet den Weg, aber dann betet Gott in ihm. So formuliert es schon Paulus im Römerbrief (Röm 8,26f):»So nimmt sich der Geist unserer Schwachheit an. Denn wir wissen nicht, worum wir in rechter Weise beten sollen; der Geist selber tritt jedoch für uns ein mit Seufzen, das wir nicht in Worte fassen können. Und

Gott, der die Herzen erforscht, weiß, was die Absicht des Geistes ist: Er tritt so, wie Gott es will, für die Heiligen ein.«

Das ist eine starke Behauptung, die die christliche Gnadentheologie und Pneumatologie auf die Spitze treibt: *Der Heilige Geist betet in uns* (Karl Rahner 1949, 28–43). Wo Menschen sich im Gebet tatsächlich ganz loslassen und sich dem schweigenden und liebenden Geheimnis anvertrauen, da handeln sie nicht mehr selber. Da geben sie das Heft des Handelns aus der Hand und überlassen sich einem anderen: Gott in der »dritten Person«, als Heiliger Geist⁴. Das aktive, »diskursive« Beten geht über in ein passives, »nicht-diskursives« Beten.

Hier gelangt der menschliche Verstand an seine Grenze: Im Gebet ist Gott das Gegenüber, das Du des Betenden, und zugleich dessen eigene innerste Mitte. Glaube an den Heiligen Geist bedeutet damit glauben, dass Gott »nicht bloß als das befreiende Du in uns ist, sondern auch als jener, der auf unserer Seite steht, wenn wir zu ihm hinüberschauen und hinüberrufen ...« (Karl Rahner 1949, 36). Gott selbst liebt, glaubt, hofft in uns; Gott selbst betet in uns. »Du bist mein Atem, wenn ich zu dir bete!« (Huub Oosterhuis 1964, »Ich steh vor dir mit leeren Händen, Herr«, Gotteslob Nr. 621, s.u. Kap. 8.5).

Diese Erfahrung, dass wir nicht mehr selber steuern, kontrollieren und machen, sondern uns überlassen und von außen gut und liebevoll gesteuert werden, ist genau das, was die griechische Philosophie als »Eros« bezeichnet. Eros meint hier keineswegs sexuelle Erregung (wenngleich auch in dieser die Erfahrung von Eros möglich ist!), sondern das Sich-ziehen-Lassen vom Guten und Schönen, das Sich-Vergessen und Ganz-Hingeben. Im Eros sind Raum und Zeit vergessen – nur die Gegenwart ist wahrnehmbar. Das macht Momente des Eros so großartig. Denn es ist für den Menschen inmitten all seiner Sorgen und Mühen eine wunderbare Erfahrung zu spüren: Da geschieht etwas mit mir, ich kann mich ganz fallen lassen, und es ist gut! Der Heilige Geist ist der Eros Gottes. Wer betet, wird von ihm ergriffen und geführt. Seine Worte kommen nicht mehr aus dem Verstand, sind nicht mehr bewusst gesteuert, ja vielleicht braucht er überhaupt keine Worte mehr. Er gibt sich nur noch hin. Er wird vom Geist durchhaucht und gleichsam »beatmet«. Das hebräische Wort für den Geist Gottes heißt *ruach* – Hauch, Atem. Es ist weiblich und

---

⁶ Vgl. hierzu neuerdings Frank Houdek 2011.

drückt damit womöglich besser die Zärtlichkeit aus, die im Angerührtwerden durch den Geist liegt. Anders als die feministische Theologie plädiere ich aber gegen die exklusive Attribuierung des Geistes als weibliches Prinzip Gottes. Gott als Heiliger Geist ist Eros und ruach, männlich und weiblich.

3.3 In Christus den »Vater« sehen (Christologie)

Das christliche Beten sagt etwas über Gott als Schöpfer (den wir meist »Vater« nennen, aber ebenso »Mutter« nennen können – vgl. Jes 49,14f; 66,13; vgl. auch die Ansprache von Johannes Paul I. am 10.9.78 beim Angelus) und über Gott als Heiligen Geist (den wir männlich Geist und weiblich ruach nennen können). Aber was sagt christliches Beten über Jesus Christus? Das ist die wohl schwierigste und komplexeste der drei Fragen. Ich möchte sie entlang der christologischen Unterscheidungen in zwei (natürlich immer miteinander verbundene) Teile gliedern:

Was sagt christliches Beten über den Menschen Jesus von Nazaret?
Was sagt christliches Beten über Gott als in Jesus Christus Mensch Gewordenen bzw. über Jesus als Christus, als Gott »in Person«?

3.3.1 Was das Gebet über Jesus von Nazaret sagt: Mit Jesus zum »Abba« beten

Der Mensch ist in der Lage, sich in einen anderen mit Denken und Fühlen hineinzuversetzen. Er kann kraft seiner Empathie und über Analogieschlüsse Erfahrungen eines anderen nachvollziehen. Natürlich bleibt dabei das Geheimnis des anderen immer unangetastet – in das kann niemand eindringen. Und natürlich gelingt das Sich-Hineinversetzen in einen anderen immer nur teilweise und begrenzt. Die Analogielehre hält daher zurecht fest, dass die Ähnlichkeiten zwischen eigenen und fremden Erfahrungen immer kleiner sind als die Unähnlichkeiten. Sie betont aber auch, dass es Ähnlichkeiten gibt. Unter dieser Voraussetzung können wir sagen: Der Mensch kann in einem anderen Menschen spüren, ob und wie dieser Gott erfährt, ob und wie Gott ihm besonders nahe ist. Er *kann an der Gotteserfahrung eines anderen teilhaben.* Dies geschieht durch die menschliche

Fähigkeit zur Einfühlung. Einfühlung aber ist zwar in ihrer Anlage von Natur aus vorhanden, muss jedoch durch Übung und Schulung entfaltet werden. Wie jede Tugend braucht sie Formung und Förderung. Und das geschieht durch leibhaftige Praxis.

Das Gebet ist eine solche leibhaftige Praxis, die es möglich macht, an der Gotteserfahrung von Glaubensgeschwistern teilzuhaben. Je mehr der Betende sich den spirituellen Ausdrucksformen dessen nähert, dessen Gotteserfahrung er verspüren will, und je mehr er diese Ausdrucksformen im eigenen Leben praktiziert, umso mehr wird er von der Gotteserfahrung des anderen in sich selbst verspüren.

Genau das versucht die christliche Spiritualität zu nutzen, um dem Menschen Jesus von Nazaret und seiner Gotteserfahrung nahezukommen. Wer im Gebet Jesu Worte bedenkt, wer sein Verhalten betrachtet und verinnerlicht, wer so betet, wie er betete, wer mithin die »imitatio Christi«, die Nachahmung Jesu von Nazaret, praktiziert, der wird hineingenommen in seine einzigartige Gotteserfahrung. Im christlichen Beten sind wir dem historischen Jesus sehr nahe. *Christliches Beten ist Beten mit Jesus.* Betende schmecken, schauen, hören, spüren darin die Gotteserfahrung Jesu.

Zur *spezifischen Gotteserfahrung Jesu* können hier nur flüchtige Andeutungen gegeben werden – eine detaillierte Darstellung würde den Duktus dieses Buchs überfordern und wäre auch Aufgabe der ExegetInnen. Helmut Merklein (1989, 59–62) hat als Erster den Kern der Gotteserfahrung Jesu am Logion Lk 10,18 festgemacht: »Ich sah den Satan wie einen Blitz vom Himmel fallen.« Mit Hilfe eines apokalyptischen Bildes beschreibt Jesus darin eine (vermutlich visionäre) Erfahrung als Gegenwart, die in Israel bis dahin als zukünftige Hoffnung betrachtet wurde: In der himmlischen Sphäre ist »der Satan«, also das Böse, bereits entmachtet – auf Erden ist es noch wirksam, aber seine Macht schwindet zusehends, und die Gottesherrschaft bricht immer mächtiger an (Christoph Niemand 2007, 76).

Ihren tiefsten Ausdruck findet die spezifische (und wir können im Sinne des nächsten Kapitels sagen: mystische) Gotteserfahrung Jesu in einem *neuen Namen für Gott: Abba* – Papi. Die zentrale Bedeutung des Gottesnamens für das Beten hatten wir bereits im vorangehenden philosophischen Kapitel belegt. Dass Jesus mit der neuen Gottesanrede einen Paradigmenwechsel einläutet, haben aber auch die neutestamentlichen Autoren und die frühchristlichen Gemeinden schnell begriffen. Denn inmitten des griechischen Textes des Neuen

Testaments leuchtet mehrfach das aramäische »Abba« auf (zweimal bei Paulus in Röm 8,15 und Gal 4,6 und einmal im ältesten Evangelium, Mk 14,36). »Abba« signalisiert kindliche, intime, restlos vertrauende Hingabe an den Vater (s.u. Kap. 6.2). Gerade im patriarchalen Kontext der Zeit Jesu ist die Differenz zum im Judentum üblichen »Ab«, Vater, nicht zu überschätzen. Bei der Analyse des Gebets Jesu, des »Vater Unser«, werden wir uns eingehender damit befassen. Wer mit dem Menschen Jesus von Nazaret betet – mit seinen Worten und Gesten, in seiner Haltung und im Hören auf ihn –, wird diese intime Gotteserfahrung des Abba und seiner guten Herrschaft leichter und intensiver machen als ohne Verbindung zu ihm. Er wird hineingenommen in die starke und reiche Gottesbeziehung Jesu.

3.3.2 Was das Gebet über Jesus als Christus sagt: Wer ihn sieht, sieht den Vater

Bisher haben wir darüber nachgedacht, was es »bringt«, sich im Gebet dem Menschen Jesus von Nazaret anzunähern, mit ihm zu beten. Diese Annäherung ist prinzipiell auch dem Juden möglich, der Jesus als jüdischen Wanderrabbi anerkennt (und der guten Gewissens das »Vater Unser« beten könnte, s.u. Kap. 6.2), und dem Muslimen, der ihn als zweitgrößten Propheten betrachtet. Auch der Buddhist könnte auf dieser Ebene einen Zugang zu Jesus als einem erleuchteten Menschen finden.

Doch die christliche Botschaft behauptet mehr: Sie geht davon aus, dass an den Menschen Jesus von Nazaret die *vollkommene Selbstmitteilung Gottes* ergangen ist. Gott, sagt sie, identifiziert sich mit diesem einen Menschen in unüberbietbarer Weise – so wie sich selbst liebende Menschen nicht miteinander identifizieren können. Unter der Voraussetzung, dass die Geschichte des Kosmos eine ist (Karl Rahner 1967, 1171), ist dann aber in Jesus die »absolute Zusage Gottes an die geistige Kreatur im ganzen« (Karl Rahner 1976, 195) »unwiderruflich da« (Karl Rahner 1976, 194): Gott nimmt in einer Kreatur die gesamte Schöpfung an, er identifiziert sich so sehr mit ihr, dass er in einem Geschöpf, im Menschen Jesus von Nazaret, ihr Schicksal teilt.

Wenn das stimmt, können wir in Jesus Gott und seine Zuwendung zur Schöpfung in reinster und höchster Form erkennen und erfahren. Dann ist Gott in Jesus sichtbar, hörbar, spürbar in einer Intensität wie in keinem anderen Geschöpf. Dann gibt sich der verborgene und verborgen bleibende (!) *Gott vermittelt in menschlicher bzw. geschöpflicher Gestalt* zu erkennen. Das Du Gottes als des liebenden Geheimnisses erhält ein Gesicht – das Gesicht eines Menschen aus Fleisch und Blut. »Wer mich sieht, der sieht den Vater« (Joh 12,45), sagt der johanneische Jesus. Die Unsichtbarkeit und Unbegreiflichkeit Gottes wird damit gemildert, wenn auch nicht gemindert. Gott bleibt unsichtbar und unbegreiflich. Aber wir Menschen können das leichter ertragen, wenn uns einer geschenkt ist, in dem sich der göttliche Glanz widerspiegelt.

Der Mensch ist angewiesen auf das Sinnenhafte, ohne das er nichts erkennen und begreifen kann. Jede menschliche Erkenntnis ist in Anschauungsbildern vermittelt, auch wenn sie diese übersteigt. Und natürlich: In allem sinnenhaften Erleben kann ein Glaubender Spuren Gottes entdecken. Aber im Antlitz Jesu leuchtet ihm Gott in einer Dichte und Reinheit auf, die nicht mehr überboten werden kann. Jesus ist der absolute Höhepunkt der vielfältigen Selbstmitteilung Gottes an seine Schöpfung (Hebr 1,1–4).

Das bleibt nach Karl Rahner *auch im Himmel* so. In einem seiner wichtigsten Aufsätze mit dem Titel »Die ewige Bedeutung der Menschheit Jesu für unser Gottesverhältnis« (Karl Rahner 1956) betont er, dass wir auch im Himmel Gott nur vermittelt in der Gestalt des Menschen Jesus von Nazaret wahrnehmen können. Gott selber in seiner Gottheit wird in alle Ewigkeit unsichtbar und unbegreiflich sein. Doch dem Menschen Jesus werden wir dann von Angesicht zu Angesicht begegnen. Die »visio beatifica«, die seligmachende Schau, ist eine »visio Iesu«, ein Schauen auf Jesus.

Wenn das so ist, dann ist christliches Beten immer ein *Beten durch Christus zum Vater*. Adressat des Betens ist Gott in seiner Geheimnishaftigkeit. Christus hingegen ist streng genommen kein Adressat christlichen Betens, sondern dessen Mittler. Wohl können wir uns an den Menschen Jesus von Nazaret wenden, so wie wir uns auch an andere Menschen mit unseren Anliegen wenden. Aber an Jesus als den Christus können wir uns streng genommen nicht wenden (auch wenn die Praxis nie ganz so streng zu nehmen ist wie die Theorie!). Vielmehr beten wir *durch* ihn *zum* Vater. Daher ist es in der lateinischen Westkirche seit jeher Tradition, das Gebet mit der Formel zu schließen: »darum bitten wir durch Christus, unseren Herrn.«

3.4 Zum Vater durch den Sohn im Geist beten
(Trinitätslehre und Theologie der Religionen)

Gisbert Greshake (2005, 48–63) weist darauf hin, dass christliches Beten immer trinitarische Struktur hat. Gemäß der eingangs zitierten Prinzip »lex orandi est lex credendi« könnte es auch gar nicht anders sein. Wenn es zum Markenkern des christlichen Glaubens gehört, drei Weisen der Begegnung Gottes mit den Menschen anzunehmen – als Ursprung und geheimnisvolle Quelle (»Vater«), als Mensch in Person (»Sohn«) und als zärtliche Kraft des Eros in uns (»Heiliger Geist«) –, dann muss (!) sich das im Beten spiegeln. Greshake (2005, 48–56) erinnert daran, dass in der *Westkirche* das liturgische Beten immer ein Beten zum Vater durch den Sohn im Geist war. Ursprünglich habe auch die abschließende Lobpreisung vieler Gebete »Ehre sei dem Vater durch den Sohn im Heiligen Geist« geheißen. Demgegenüber verstehe die *Ostkirche* Beten mehr als ein Hineingenommenwerden in die göttliche Communio und habe die später auch im Westen übernommene Formel geprägt »Ehre sei dem Vater und dem Sohn und dem Heiligen Geist«. Mir scheint die ursprüngliche westkirchliche Formel aus zwei Gründen angemessener:

– Zum einen vermeidet sie leichter die *Gefahr des tritheistischen Missverständnisses*. Wenn »Vater und Sohn und Geist« scheinbar additiv aneinandergereiht werden, entsteht sehr leicht der Eindruck, es handle sich um drei Individuen und damit letztlich um drei Götter. Wenn hingegen zum Vater durch den Sohn im Geist gebetet wird, wird schon allein durch die sprachliche Formel auf die höhere Komplexität des Trinitätsglaubens aufmerksam gemacht und ein Anstoß zum Nachdenken darüber gegeben, wie in der Vielfalt Gottes seine Einheit gedacht werden kann.

– Zum anderen hat die Ostkirche vorrangig die »immanente Trinität« im Blick, das dreifaltige Sein Gottes in sich, über das wir bestenfalls spekulieren können. Keiner von uns darf sich vermessen zu sagen, wie Gott wirklich ist. Die Westkirche konzentriert sich hingegen stärker auf die »*ökonomische Trinität*«, also auf das dreifaltige Wirken Gottes in unserer Welt. Das erfahren und erspüren wir, und darüber Aussagen zu machen ist weit weniger spekulativ. Das Beten zum Vater durch den Sohn im Geist ist *viel lebensnäher* – es lädt uns ein, Gottes dreifaltiges Wirken in der Welt und in unserem persönlichen Leben wahrzunehmen und anzunehmen.

Mit einer bewussten Selbstbeschränkung auf die ökonomische Trinität bietet sich aber noch eine weitere Chance an. Diese könnte nämlich eine hilfreiche *Matrix* sein *für den Dialog der großen Religionen* (Gisbert Greshake 2005, 57ff):

- Im Beten *zu Gott als dem unergründlichen Geheimnis* haben Judentum und Islam mit ihrer strikten Befolgung des Bilderverbots ihre große Stärke – das Christentum stand zumindest seit der Renaissance in der Gefahr, Gott zu sehr zu vermenschlichen und als »alten Mann mit Bart« zu sehen, wie er seit dem 15. Jh. in die christliche Kunst Einzug gehalten hat. Daher könnte das Christentum an diesem Punkt von seinen unmittelbaren Schwesterreligionen lernen.

- Im Beten *im Geist, im göttlichen Atem* werden sich Buddhismus und Hinduismus wiederfinden, aber auch mystische Gemeinschaften und Strömungen aller Religionen wie die islamischen Sufis. »Zum Geist kann man ... keine ›persönliche Beziehung‹ haben« (Raimon Panikkar 1993, 92f) – und man muss es auch nicht. Vielmehr ist er die zärtliche Kraft Gottes in uns, die spirituelle Menschen aller Religionen in sich spüren.

- Im Beten *mit* (dem jüdischen Rabbi bzw. Propheten) *Jesus* könnte sich eine noch wenig entdeckte Brücke zwischen Christentum und den anderen monotheistischen Religionen Judentum und Islam auftun: Die Du-Anrede für Gott, die kindliche Vertrautheit im Namen »Abba« – das könnten Gemeinsamkeiten der drei abrahamitischen Religionen sein. Auch der Buddhismus hätte hier einen Anknüpfungspunkt, wenn er Jesus als Erleuchteten wahrnehmen würde.

- Im Beten *durch Christus* wird freilich das Trennende sichtbar: Hier wird keine der anderen Religionen mit dem Christentum mitgehen können. In dem Menschen Jesus in einzigartiger Weise das Gesicht des verborgenen Gottes zu erahnen – das ist das Spezifikum des Evangeliums. Dieses Spezifikum ist zunehmend auch Zweifeln und Kritiken aus den Reihen der Getauften ausgesetzt. Aus dem »Jesus ja, Kirche nein« der 1968er wird im säkularen 21. Jh. ein »Jesus ja, Christus nein« (trotz des ungebrochen höchsten Kirchenbesuchs am Fest der Inkarnation, an Weihnachten). Das ist nicht neu –

schon in der frühen Kirche gab es diese Bewegung (Joh 6,66). Und womöglich hat es sie durch die gesamte Kirchengeschichte hindurch gegeben. Doch in einer diskursbasierten Kultur macht sie sich stärker bemerkbar als in früheren Zeiten. Umso mehr wird die Kirche gefordert sein, den Christusglauben in einer Weise zu formulieren, die glaubwürdig und einladend ist und sein besonderes humanes Potenzial sichtbar macht.

In Art und Inhalt des Betens werden Art und Inhalt des Glaubens sichtbar. Daher bietet die christliche Trinitätslehre eine einzigartige Möglichkeit, das Verbindende der These von der Vielfalt des Wirkens Gottes zu erkennen und die Defizite jeder Vereinseitigung der Glaubens- und Gebetspraxis zu verdeutlichen. Die aber gibt es in allen Religionen. Der Glaube an das dreifaltige Wirken Gottes hat das Christentum nicht davor geschützt, einseitige und damit defizitäre Weisen des Betens zu dulden und anzuwenden. Und das Fehlen des Trinitätsglaubens hat andere Religionen nicht daran gehindert, eine weite, offene und differenzierte Gebetspraxis zu entwickeln. Hier können alle Religionen voneinander lernen und einander jene Wertschätzung bezeugen, die das II. Vatikanische Konzil in seiner Erklärung über das Verhältnis der Kirche zu den nichtchristlichen Religionen »Nostra Aetate« ausgedrückt hat.

3.5 Gott ansprechen

Von der rechten Anrede Gottes hängt viel ab. Abschließend sollen zwei Beispiele zeigen, wie das auf gute, lebensnahe und doch dezidiert trinitarische Weise geschehen kann: In einem Gebet von Huub Oosterhuis heißt es:

Herr, unser Herr, wie bist du zugegen
und wie unsagbar nah bei uns.
Allzeit bist Du um uns in Sorge,
in deiner Liebe birgst du uns.

Du bist nicht fern, denn die zu dir beten,
wissen, dass du uns nicht verlässt.
Du bist so menschlich in unserer Mitte,
dass du wohl dieses Lied verstehst.

Du bist nicht sichtbar für unsre Augen,
und niemand hat dich je geseh'n.
Wir aber ahnen dich und glauben,
dass du uns trägst, dass wir besteh'n.

Du bist in allem ganz tief verborgen,
was lebt und sich entfalten kann.
Doch in den Menschen willst du wohnen,
mit ganzer Kraft uns zugetan.

Herr, unser Herr, wie bist du zugegen,
wo nur auf Erden Menschen sind.
Bleib gnädig so um uns in Sorge,
bis wir in dir vollkommen sind.

*(Huub Oosterhuis 1965, deutsche Übertragung von Peter Pawlowsky
und Nikolaus Greitemann 1969, Gotteslob Nr. 298)*

Auf großartige Weise arbeitet das Gebet den Geheimnischarakter
Gottes heraus (»unsagbar«, »nicht sichtbar«, »ahnen und glauben«).
Jede Versuchung, Gott allzu trivial zu verstehen und zu erklären,
wird im Keim erstickt. Zugleich aber – und das ist womöglich nicht
jedem bewusst, der das Lied singt – ist eine trinitarische Struktur er-
kennbar. Gott als unbegreifliches Geheimnis, das uns liebend um-
fängt (»in Sorge … birgst du uns«, »dass du uns trägst«); Gott als
menschgewordener an unserer Seite (»so menschlich in unsrer Mitte«); Gott als Atem unseres Betens (»in den Menschen willst du wohnen«). Das Lied taugt besser als manches klassische zum Einsatz am
Dreifaltigkeitssonntag!
Eine ebenfalls trinitarisch strukturierte und unvergleichlich dichte
Gebetsanrede hat der frühere UNO-Generalsekretär Dag Hammarskjöld (1905 Jönköping, Schweden–1961 Ndola, Sambia) formuliert, dessen spirituelle Tagebücher man erst nach seinem Tod fand
und die ihn als einen christlichen Mystiker par excellence ausweisen:

»Du, der über uns ist,
Du, der einer von uns ist,
Du, der ist auch in uns.«

*(Dag Hammarskjöld 2011, Zeichen am Weg. Das spirituelle Tage-
buch des UN-Generalsekretärs, Stuttgart, S. 128)*

Mit dem dreifachen Du umgeht Hammarskjöld das Problem, Gott mit einem Namen anzureden. Auch Eigenschaften werden nicht genannt. Stattdessen wird schlicht der dreifaltige Zugang zu Gott angedeutet – behutsam und zurückhaltend. Das Geheimnis Gottes wird so unterstrichen – die Anrede könnte für Angehörige nicht nur der christlichen Religion akzeptabel sein.

4. Transpersonale Innerlichkeit?

Beten als Einheit in Unterschiedenheit von Ich und Du
(Mystik des Gebets)

»Der Fromme von morgen wird ein ›Mystiker‹ sein, einer, der etwas ›erfahren‹ hat, oder er wird nicht mehr sein, weil die Frömmigkeit von morgen nicht mehr durch die im voraus zu einer personalen Erfahrung und Entscheidung einstimmige, selbstverständliche öffentliche Überzeugung und religiöse Sitte aller mitgetragen wird« (Karl Rahner 1971², 22). Vermutlich gehören diese Sätze zu den meistzitierten aus der Feder Karl Rahners, und sie drücken in der Tat eine wichtige Einsicht aus: *Ohne Innerlichkeit wird das Christentum in einer immer mehr säkularen Welt nicht überleben.* Denn äußere Formen – Brauchtum, Traditionen, volkskirchliche Strukturen und Autoritäten –, die jahrhundertelang unhinterfragt galten, haben heute ihre Plausibilität verloren.

Es kommt also auf die innere Erfahrung an, die künftig den Glauben begründet, und nicht auf irgendeine Erfahrung, sondern auf die, die wir als Gotteserfahrung bezeichnen. Dabei geht es um »eine echte, aus der Mitte der Existenz kommende Erfahrung Gottes, seines Geistes, seiner Freiheit, die aus dem Innersten der menschlichen Existenz aufbricht und da wirklich erfahren werden kann, auch wenn diese Erfahrung nicht adäquat reflektiert und verbal objektiviert werden kann. Geistbesitz ist ... eine Sache, ... die von innen erfahren wird« (Karl Rahner 1980, 161f).

Genau diese Wirklichkeit drückt die Tradition mit dem Begriff der mystischen Erfahrung aus. Während der Begriff »mystisch« auf Dionysius Areopagita und seine Rede von der »theologia mystica« zurückgeht (Werke um 500 n. Chr.), orientiert sich die klassische Definition an der Scholastik: Die mystische Erfahrung sei eine »cognitio Dei quasi experimentalis« (so z.B. Thomas von Aquin, s.th. II–II, q 97 a 2, q 162 a 3), eine gleichsam experimentelle, d.h. erprobende und erfahrende Erkenntnis Gottes.

Mystische Erfahrung meint das Übersteigen der Grenzen des eigenen Selbst auf das Geheimnis hin, ohne es zu entbergen: eine Erfahrung der Transzendenz. Nähe und Distanz der göttlichen Wirklichkeit werden in ihr gleichermaßen erfahren.

Mystische Erfahrung meint also primär keine Visionen oder Auditionen, keine Ekstasen oder anderen außergewöhnlichen Phänomene. Mystische Erfahrung meint die schlichte, allen ChristInnen zugängliche Erfahrung Gottes im eigenen Leben – als echte, ureigene und damit als ganz innerliche Erfahrung. Wenn an dieser Erfahrung Gottes die Zukunft des Christentums hängt, wie Rahner behauptet, dann muss alles daranliegen, diese Innerlichkeit des Betens und Erlebens zu fördern.

Nun haben sehr persönliche Erfahrungen die Schwierigkeit, dass man sie umso weniger in Worte fassen kann, je persönlicher, inniger und überwältigender sie sind. Dennoch brauchen Theologie und Kirche verantwortbare Begriffe für das, was offenbar ein Herzstück ihrer Existenz darstellt. Einige klassische Modelle und Traditionslinien des Sprechens über die Gotteserfahrung sollen daher im Folgenden dargestellt werden. Wir werden sie darauf befragen, *wie* die Glaubenden ihrer Meinung nach Gott erfahren und *was* sie von ihm erfahren. Diese übergeordnete, allgemeine Perspektive soll auf drei Gesichtspunkte fokussiert werden:

1) *Das Verhältnis Rationalität/Intellektualität – Emotionalität*: Wird die Gotteserfahrung als rein rational oder als rein emotional angesehen oder spielen rationale und emotionale Komponenten in ihr zusammen?

2) *Das Verhältnis Äußerlichkeit – Innerlichkeit, Gegenständlichkeit – Ungegenständlichkeit, Vermitteltheit – Unmittelbarkeit*: Wird die innerliche Gotteserfahrung äußerlich und damit sinnenhaft konkret vermittelt oder geht es um eine rein innerliche Unmittelbarkeit Gottes, die durch äußere Anschauungen und Erlebnisse höchstens vorbereitet wird?

3) *Die Alternative Personalität oder Apersonalität*: Erfährt der Mensch in der Gotteserfahrung ein völliges Einssein mit dem Kosmos und eine Auflösung seines Ich im Es, oder spürt er eine tiefe Einheit mit Gott in bleibender Unterschiedenheit von Ich und Du? Löst sich mithin seine Personalität ebenso wie die Personalität Gottes auf oder erfahren beide ihre höchste Vollendung?

Nochmals sei betont: Wir befinden uns bei der Beschreibung der Gotteserfahrung an der Grenze des Sagbaren – Worte können nur sehr bruchstückhaft einfangen, worum es hier geht. Und doch ist das Reden und Ringen um Begriffe nötig – und hilfreich, wenn es gelingt.

4.1 Die vier Stufen zur Gotteserfahrung in der Gebetspraxis des Mönchtums

Die wohl älteste christliche Überlieferung einer mystischen Gebetspraxis verkörpert zweifellos das Mönchtum. Schriftlich zusammengefasst und theologisch reflektiert hat sie der *Kartäuser Guigo II.* (Prior der Großen Kartause 1174–1180; + ca. 1188) in seinem Werk »Scala claustralium« (»Stufenleiter der klaustrierten Mönche«, im Folgenden SC), das er vor 1150 als junger und angeblich unerfahrener Mönch geschrieben hat.

In dieser Abhandlung entwickelt Guigo aus einer uralten Gebetspraxis der Mönche von vier aufeinanderfolgenden Schritten die Theorie einer vierstufigen Leiter, auf der jeder, der den mystischen Weg gehen will, Schritt für Schritt voranschreiten muss – und zwar exakt in der angegebenen Reihenfolge. Für eine ursprünglich wohl eher intuitiv entstandene Reihung der Praxis mönchischen Betens wird nun deren Alternativlosigkeit behauptet und theoretisch untermauert. Folgendermaßen interpretiert Guigo die vier Elemente monastischen Betens:

- *Lectio:* Die am Anfang stehende Schriftlesung definiert Guigo als »aufmerksame Untersuchung der Schriften mit gespanntem [oder auch: mit zielgerichtetem] Geist« (»sedula scripturarum cum animi intentione inspectio«; SC II). Sie steht deswegen notwendig am Anfang, weil der Betende sich durch die Schriftlesung auf einen Weg begibt, auf die Suche nach dem seligen Leben (»inquirit«; SC III), und gleichsam dem Mund Nahrung zuführt (»cibum ori apponit«; SC III). Die Worte der Schrift werden mit dem Verstand zerlegt, gedreht und gewendet (SC IV) – es geht um ein rein intellektuelles Geschehen.
- *Meditatio*: Die nach der rein intellektuellen Schriftlesung einsetzende Meditation definiert Guigo als »eifrige Tätigkeit des Verstands, die verborgene Wahrheit unter Führung der eigenen Vernunft zu erforschen« (»studiosa mentis actio, occultae veritatis notitiam ductu propriae rationis investigans«; SC II). Hier behält die Vernunft zwar die Führung, ist aber nicht mehr alleine am Werk. Vielmehr soll der Betende die Schriftworte verinnerlichen und vom Kopf ins Herz fallen lassen, denn es geht bereits um verborgene (!) Wahrheiten, die dem Verstand nicht restlos zugänglich sind. Im Sinne eines ersten Entdeckens des seligen Lebens (»invenit«;

SC III) kaut und zerkleinert der Meditierende das Wort Gottes (»masticat et frangit«; SC III). Damit ist eine teilweise sinnenhafte, emotionale Dimension der Meditation angesprochen. – Guigo betont, dass die Fähigkeit zur Meditation nur wenigen weisen Menschen gegeben ist. Unter sie rechnet er aber die »heidnischen« Philosophen (SC V).

– *Oratio*: Nach dem Lesen und Meditieren der Schrift betet der Mönch. Dieses Gebet versteht Guigo als die »ehrfürchtige Ausrichtung des Herzens auf Gott, um das Böse zu entfernen und das Gute zu erlangen« (»devota cordis in Deum intentio pro malis removendis vel bonis adipiscendis«; SC II). Hier bemüht sich der Mönch darum, sein eigenes Leben mit den Impulsen der Schrift in Verbindung zu bringen – seine Intentionalität kommt ins Spiel. Er betet über das Gelesene und erbittet zugleich tiefere Einsicht, um das selige Leben zu erlangen (»postulat«; SC III). Dadurch kann er den Geschmack der Schriftworte differenziert wahrnehmen und Geschmack an ihnen erlangen (»saporem acquirit«; SC III). Er erkennt Gott nicht mehr nur »im Holz des Buchstabens, sondern im Gespür der Erfahrung« (»in sensu experientiae«; SC VI). – Hier beginnt für Guigo unzweifelhaft die Gnade Gottes zu wirken, d.h., diese Stufe ist den »heidnischen« Philosophen nicht mehr zugänglich. Geschmack an der Schrift erlangt nur der wenigstens anfanghaft Glaubende.

– *Contemplatio*: Der letzte Schritt mönchischer Gebetspraxis ist die Kontemplation, von Guigo definiert als »Erhöhung des zu Gott emporgehobenen Verstands über sich selbst hinaus, so dass er die Freuden der ewigen Süßigkeit verkostet« (»mentis in Deum suspensae quaedam supra se elevatio, eternae dulcedinis gaudia degustans«; SC II). Auf dieser Stufe, auf der der Verstand zur völligen Passivität verurteilt scheint (er wird emporgehoben), genießt der Betende das Kosten und Schmecken der Seligkeit als einer Süßspeise (»degustat« – »ipsa dulcedo«; SC III).

Entscheidend ist nun für Guigo, dass die vier Stufen seiner Überzeugung nach nur in dieser Reihenfolge auftreten können, weil die späteren die früheren voraussetzen (SC XII–XIII): »Aus alledem geht hervor, dass die Lesung ohne Meditation fruchtlos bleibt, die Meditation ohne Lesung dem Irrtum ausgesetzt ist; Gebet ohne Meditation ist lau; Meditation ohne Gebet ohne Ertrag; das Gebet führt zur ehrfürchtigen Kontemplation, aber die Erlangung der Kontemplation ohne Gebet ist selten oder bleibt ein Wunder« (SC XIV). Aus einer praktisch bewährten Abfolge monastischen Betens und Meditierens schließt Guigo auf eine theoretisch zwingende Stufenleiter des Weges zu Gott. Ein gewagtes Unterfangen. Doch garantiert die Sättigung seiner Ausführungen durch die monastische Erfahrung von Jahrhunderten, dass seine Stufenleiter kein reines Luftschloss ist.

Schaubild: Die vier Stufen zur Gotteserfahrung bei Guigo

Name	Begriffliche Beschreibung	Bildliche Beschreibung
Lectio	Untersuchung mit zielgerichtetem Geist, Analyse mit dem Verstand	Zuführen der Nahrung
Meditatio	Erforschung verborgener Wahrheit unter Führung der Vernunft	Kauen und Zerkleinern der Nahrung
Oratio	Erbitten tieferer Einsicht im Gespür der Erfahrung	An der Nahrung Geschmack gewinnen
Contemplatio	Erhöhtwerden des Verstands über sich selbst hinaus durch Gott	Kosten der Süßigkeit der Nahrung

Befragen wir das Vierstufenmodell Guigos auf unsere drei eingangs genannten Kriterien:

1) Das Verhältnis von Rationalität und Emotionalität: Auf der Ebene abstrakter Begriffe taucht keinerlei Beschreibung der emotionalen Kräfte im Menschen auf. Hier werden nur das Abnehmen der aktiven Rolle des Verstandes und das Zunehmen des gnadenhaften Handelns Gottes beschrieben. Wenn aber die Gnade Gottes passiv erfahren wird, braucht es dazu eine passio, eine Leidenschaft bzw. ein Gefühl. Genau diese Intensivierung des emotionalen Erlebens drückt sich auf der metaphorischen Ebene im Bild des Essens, Schmeckens und Genießens der Nahrung des Wortes Gottes sehr eindeutig aus. Die monastische Praxis kann gar nicht anders denn als Weg abnehmender Rationalität und zunehmender Emotionalität beschrieben werden.

2) *Das Verhältnis von Gegenständlichkeit und Ungegenständlichkeit:* Auch dieses Verhältnis wird von Guigo nicht explizit reflektiert, wohl aber metaphorisch angedeutet: Wenn die höheren Stufen der Gotteserfahrung je mehr ein Schmecken bedeuten, dann wird eine vorgestellte (nicht reale) Sinneserfahrung zum immanenten Bestandteil dieser Erfahrung. Die Ungegenständlichkeit Gottes begegnet vermittelt in einer vorgestellten gegenständlichen Erfahrung des Genießens einer Süßspeise.

3) *Die bleibende Personalität* Gottes und des Betenden sind bei Guigo so eindeutig vorausgesetzt, dass daran kein Zweifel aufkommen kann, auch wenn er das Problem nicht anspricht.

Guigos Modell enthält viele wertvolle Impulse und spiegelt einen reichen Erfahrungsschatz mystischen Betens. Eine kleine Kritik bleibt aber festzuhalten, die nicht nur diesen Traditionsstrang der christlichen Mystik trifft: Meditatio wie auch contemplatio sind etymologisch betrachtet beide äquivalente lateinische Übersetzungen des griechischen Begriffs θεωρία, der ein intuitiv-ganzheitliches, nicht diskursiv-rationales inneres Anschauen der Wirklichkeit bezeichnet. Die griechische θεωρία meint, den Gegenstand der Betrachtung (z.B. ein Musikstück) vom Kopf ins Herz fallen zu lassen, ihn ganzheitlich zu erleben, statt ihn intellektuell zu analysieren. – Wie in manch anderem Fall hat also auch hier die Überlieferungsgeschichte eine künstliche Unterscheidung vollzogen, wo es ursprünglich keine gab. Diese betrifft aber nur die Begriffe, nicht die mit ihnen bezeichnete Wirklichkeit: Die inhaltlich verschiedene Beschreibung der zweiten und der vierten Stufe bei Guigo ist sachgerecht.

4.2 Die Hohelied-Mystik in den Frauenklöstern des Hochmittelalters

Eine ganz andere Interpretation der Gotteserfahrung ermöglicht die Rezeption des biblischen Hohenliedes in den mittelalterlichen Frauenklöstern. Schon im Judentum und in der frühen Kirche wird das Hohelied auf zweierlei Weise gedeutet:

– In seiner wörtlichen Bedeutung wird es auf die Liebe zwischen Mann und Frau bezogen und damit für die *Schöpfungstheologie* fruchtbar gemacht.

– In metaphorischer Auslegung wird es als Bild für die Liebe Gottes zu Israel bzw. zur Kirche gedeutet und ist damit Inspirationsquelle für die *Ekklesiologie.*

Aus der zweiten, ekklesiologischen Auslegung entsteht bei Origenes eine dritte, *spirituelle* Deutung – das Hohelied wird zum Bild für die innige Liebe zwischen Christus und der Seele – und bei Ambrosius von Mailand eine vierte, *mariologische* Interpretation als Liebe zwischen Christus und Maria (ein Gedanke, der in der gotischen Darstellung der Marienkrönung aufgegriffen wird). Dass ausgerechnet das einzige im besten Sinne erotische Buch der Bibel zu einer solchen Vielfalt von theologischen Analogiebildungen einlädt, sollte uns zu denken geben.

Den *Anstoß zur Neubelebung* der frühkirchlichen Rezeption des Hohenliedes im Mittelalter gibt ein zu Unrecht wenig bekanntes Werk: Das *St. Trudperter Hohelied* ist ein Kommentar zum biblischen Hohenlied auf Frühmittelhochdeutsch, entstanden um 1140. Da sein Autor unbekannt ist, wird es nach dem ehemaligen Aufbewahrungsort benannt, dem Kloster St. Trudpert im Südschwarzwald. Das Hohelied wird darin zu einem mystischen Text, der die sehnsuchtsvolle Vereinigung der Seele mit Gott zum Inhalt hat. Es ist die erste mystische Schrift in deutscher Sprache und war wahrscheinlich für Frauenklöster bestimmt, wo es enormen Anklang fand.

Das zeigt sich in besonderer Weise im Werk »*Das fließende Licht der Gottheit*« (FLG) der *Mechthild von Magdeburg* (um 1207 Magdeburg–1282 Helfta). Vermutlich von adligen Eltern abstammend und gut gebildet, hatte Mechthild mit zwölf Jahren ihr erstes mystisches Erlebnis. Mit etwa zwanzig Jahren zog sie nach Magdeburg, wo sie über dreißig Jahre als Begine lebte.[5] Um 1250 begann sie auf Zuspruch ihres Beichtvaters Heinrich von Halle ihre mystischen Erfahrungen aufzuschreiben. Diese in Mittelniederdeutsch verfassten Aufzeichnungen stellte Heinrich zu den ersten sechs Büchern des »Fließenden Lichts der Gottheit« zusammen. Das Aufsehen, das sie mit dieser Schrift erregte, hat sie vermutlich veranlasst, die letzten Jahre ihres Lebens zurückgezogen im Zisterzienserinnenkloster Helfta zu verbringen. Während dieser zwölf Jahre in Helfta fügte sie ihren Aufzeichnungen ein siebtes Buch hinzu. – Wie charakterisiert nun Mechthild ihre Gotteserfahrungen?

In *FLG I, 44* beschreibt sie zunächst den *siebenfachen Weg der Christusminne*:

1) Der erste Schritt ist ein *Leben in Reue und Buße*: Die als junge Frau vorgestellte und personalisierte Seele muss allen Versuchungen widerstehen und alle Feinde eines geistlichen Lebens niederschlagen. Nach diesem Kampf befällt sie Müdigkeit, sie sehnt sich nach dem Jüngling.

2) Die fünf Sinne, ihre Kämmerer, bekleiden die Seele mit den *ethischen Tugenden* – dem »Hemd der sanften Demut«, dem »weißen Kleid der lauteren Keuschheit« und dem »Mantel des heiligen Rufes, den sie vergoldet hat mit allen Tugenden.« So begibt sich die Seele in die Gesellschaft heiliger Leute. »Aber noch kommt der Jüngling nicht.« Denn noch fehlen ihr die gnadenhaften, gottgewirkten Tugenden.

3) Boten sollen diese *»theologischen« Tugenden* holen: »Und sie sandte nach dem Glauben Abrahams und nach dem Verlangen der Propheten und nach der reinen Demut unserer Frau Sankt Marien und nach allen heiligen Tugenden unseres Herrn Jesus Christus und um alle Vortrefflichkeit seiner Auserwählten.«

4) Nun endlich *kann der Jüngling kommen und mit ihr tanzen*. Er will sich mit ihr ins »Bett der Minne« zurückziehen. Da sagt die Seele zum Jüngling:
»Herr, das ist unbegreiflich viel,
dass die sei Deiner Minne Gespiel,
die nicht Minne in sich selber hegt,
sie werde denn von Dir bewegt.«
Die Liebe – so die Aussage – hat die Seele nicht aus sich selber, sondern empfängt sie vom Geliebten. Von ihm geliebt zu werden ist reine Gnade.

5) Auf die Bitte des Jünglings bleiben die Kämmerer, d.h. die fünf Sinne, außerhalb des Liebesgemachs. Sie haben der Seele die gegenständlichen Vorbilder und Anhaltspunkte des Glaubens und der Moral intellektuell vermittelt, nun aber kommen sie an ihre Grenze. Denn die Liebe Gottes ist ungegenständlich. Die Seele bekräftigt jedoch, dass die Sinne auch weiterhin gebraucht werden[6]:
»Aber betrübt euch nicht zu sehr!
Ihr könnt mich noch lehren: wenn ich wiederkehr',
dann bedarf ich eurer Weisung wohl,
denn die Welt ist vieler Schlingen voll.«

6) Seele und Jüngling gehen nun ins Schlafgemach. Die Seele *entkleidet sich aller »äußeren«, d.h. erworbenen Tugenden*, nur die inneren, natürlichen Tugenden, insbesondere das Verlangen und Begehren nach Gott, bleiben der nackten Seele.

7) Schließlich kommt es zur *liebenden Vereinigung mit Gott*: Das beschreibt Mechthild so:

»Nun geht die Allerliebste zu dem Allerschönsten in die verborgenen Kammern der unsichtbaren Gottheit. Dort findet sie der Minne Bett und Gelass und Gott übermenschlich bereit.

Da spricht unser Herr:

»Haltet an, Frau Seele!«

»Was gebietest Du, Herr?«

»Ihr sollt nackt sein!«

»Herr, wie soll mir dann geschehen?«

»Frau Seele, Ihr seid so sehr in mich hineingestaltet,
dass zwischen Euch und mir nichts sein kann.
Es ward kein Engel je so geehrt,
dem das wurde eine Stunde gewährt,
was Euch von Ewigkeit ist gegeben.
Darum sollt Ihr von Euch legen
beides, Furcht und Scham,
und alle äußeren Tugenden.
Nur die, die von Natur in Euch leben,
sollt Ihr immerdar pflegen.
Dies ist Euer edles Verlangen und Eure grundlose Begehrung;
die will ich ewig erfüllen mit meiner endlosen Verschwendung.«

»Herr, nun bin ich eine nackte Seele,
und Du in Dir selber ein reichgeschmückter Gott.
Unser zweier Gemeinschaft
ist ewiges Leben ohne Tod.«

Da geschieht eine selige Stille,
und es wird ihrer beider Wille.
Er gibt sich ihr, und sie gibt sich ihm.
Was ihr nun geschieht, das weiß sie,
und damit tröste ich mich.
Aber dies kann nie lange sein.
Denn wo zwei Geliebte verborgen sich sehen,
müssen sie oft abschiedslos voneinandergehen.

Lieber Gottesfreund, diesen Minneweg habe ich dir geschrieben. Gott möge ihn deinem Herzen erschließen! Amen.«

Welcher Art ist nun die Vereinigung der Seele mit Gott? In *FLG II, 6* wird ganz klar, dass Mechthild an die intime *Einheit zweier Personen* denkt, die trotz der großen Nähe zueinander zwei bleiben und sich als Ich und Du begegnen. Dort spricht Gott zur Seele: »Wenn ich scheine, musst du gluten, wenn ich fließe, musst du fluten. Wenn du seufzt, ziehst du mein göttliches Herz in dich hinein, wenn du weinst nach mir, schließe ich dich in meine Arme. Wenn du aber minnest, werden wir beide eins, und wenn wir zwei eins sind, vermag uns nichts mehr zu scheiden, nur ein wonniges Harren wohnt zwischen uns beiden.«
Mechthild verwendet starke erotische Bilder für die Beziehung zwischen Gott und der Seele.

Hildegund Keul erwähnt, dass deshalb bei der Wiederentdeckung ihres Werks im prüden 19. Jh. viele Wissenschaftler Hemmungen hatten (Hildegund Keul 2004, 218) und im offeneren 20. Jh. viele vermuteten, Mechthild müsse sexuelle Beziehungen gehabt haben, um so schreiben zu können (Hildegund Keul 2004, 217).

Überdeutlich sind die *Parallelen zwischen erotischer und mystischer Begegnung* in Mechthilds Beschreibungen: In beiden geht es darum, überwältigt und hingerissen zu werden – mit Haut und Haaren dabei zu sein – sich zu entäußern, zu verschenken, zu verströmen, zu verlieren … und zu finden – zu schweigen und sich geborgen zu fühlen. Dabei wird die Nacktheit zum Bild der vollständigen Entäußerung des Menschen in der Gegenwart Gottes (Hildegund Keul 2004, 287–291). Vor Gott braucht der Mensch sich nicht verkleiden, und wenn er das tut wie Adam und Eva nach dem Sündenfall, dann kann er Gott nicht wirklich ganz und vorbehaltlos begegnen.

Eros im ursprünglichen Wortsinn (s.o. Kap. 3.2) braucht Askese und Ekstase, Religion aber auch. Während vulgäre Erotik oft die Askese vergisst, wird in der Religion tendenziell die Ekstase zurückgedrängt. So kritisiert Mechthild, dass die kirchliche und klösterliche Ordnung oft das Ekstatische erstickt (Hildegund Keul 2004, 291–294) und damit letztlich auch tiefe spirituelle Erfahrungen erschwert oder verunmöglicht. In diesem Sinne fürchtet sie sogar die Verbrennung ihres Buchs durch die Amtskirche – und verhindert dies durch eine bei den großen Ordensfrauen des Mittelalters übliche literarische Fiktion (FLG II, 26):

»Ich wurde vor diesem Buche gewarnt und von Menschen also belehrt:

Wolle man davon nicht absehn,
dann wird es in Flammen aufgehn!
Da tat ich, wie ich als Kind schon pflegte,
wenn ich traurig war, musste ich immer beten.
Ich wendete mich zu meinem Lieben und sprach:
»Eia, Herr, nun bin ich um deiner Ehre willen geschlagen,
soll ich von dir jetzt ungetröstet bleiben?
Denn du hast mich dazu getrieben und hießest mich selber es
   schreiben.«
Da offenbarte sich Gott meiner traurigen Seele ohne Verzug,
indem er das Buch in seiner Rechten trug und sprach:
»Meine Liebe, betrübe dich nicht zu sehr,
die Wahrheit kann niemand verbrennen.
Wer mir das Buch aus der Hand nehmen will,
muss stärker sein als ich.
... Die Worte bedeuten meine wunderbare Gottheit.
Sie fließen von Stunde zu Stunde
in deine Seele aus meinem göttlichen Munde.
... Nun sieh aus allen diesen Worten,
wie rühmlich sie mein Geheimnis verkünden:
Du sollst keinen Zweifel an dir finden.«

Mechthild hat die vermutlich dichteste und beeindruckendste Darstellung der Minnemystik in deutschen Frauenklöstern geschaffen. Bis heute faszinieren ihre Dichtungen. So schauen wir abschließend wieder auf die drei Leitfragen dieses Kapitels:

1) *Das Verhältnis von Rationalität und Emotionalität*: Die rationalen Momente in der mystischen Begegnung sind nach Mechthild auf ein Minimum reduziert. Die (bei ihr intellektuell verstandenen!) Sinne sind mit der göttlichen Liebe überfordert. Nur der sich ganz hingebende Mensch kann Gottes »überfließendes Licht« wirklich erfahren.

2) *Das Verhältnis von Gegenständlichkeit und Ungegenständlichkeit*: Die Gotteserfahrung selbst ist für Mechthild eindeutig ungegen-

ständlich. Doch bleiben deren vorhergehende gegenständliche Vorbereitung und deren nachfolgende ebenfalls gegenständliche Reflexion unerlässlich, soll das intime Ereignis überhaupt möglich sein und für den Erlebenden dauerhaft Bedeutung haben.

3) *Die Einheit zwischen Seele und Gott* wird durchgehend in personalen Kategorien gedacht. Je mehr die beiden eins werden, umso mehr sind sie auch er bzw. sie selbst.

4.3 Die Mystik des Alltags bei Ignatius von Loyola

Wie Mechthild von Magdeburg ist auch Ignatius von Loyola (1491 Loyola–1556 Rom) kein Theologe, sondern fasst sein Exerzitienbuch großenteils vor seinem Pariser Studium allein auf der Grundlage präziser Selbstbeobachtung ab. Ignatius gibt uns damit wie Mechthild einen undogmatischen und weitgehend unvoreingenommenen Blick auf das Gebet und seine Dynamik.

Das wichtigste und einzig unverzichtbare Gebet des gesamten Tages ist für Ignatius der *Tagesrückblick im Zwiegespräch mit Gott* – früher meist »abendliche Gewissenserforschung« genannt, heute etwas offener »Gebet der liebenden Aufmerksamkeit« (s.u. Kap. 8.2). In diesem Gebet geht es darum, in der täglichen Rückschau die Spuren Gottes im eigenen Leben zu entdecken. Die eigenen Erlebnisse sind das erste und wichtigste Evangelium, das Gott einem Menschen zuspricht, die erste Frohe Botschaft, die er an jeden ganz persönlich adressiert. Sie zu betrachten hat daher eminente Bedeutung.

Für diese Lebensbetrachtung empfiehlt Ignatius dieselbe Methode wie für die *Schriftbetrachtung*, die für ihn der zweite große Eckpfeiler auf dem Weg zur Gotteserfahrung ist. Zwischen der Meditation des Lebens Jesu und der Meditation des eigenen Lebens besteht für Ignatius kein prinzipieller Unterschied. Beide sollen mit denselben *Methoden* durchgeführt werden.

– Generell geht es darum, das Geschehene *von innen her zu verspüren und zu verkosten* (»sentir y gustar internamente«, EB 2). Das meint einerseits ein ganzheitliches Geschehen, in das rationale und emotionale Kräfte des Menschen gleichermaßen eingebunden sind. Es bedeutet aber andererseits auch ein Durchstoßen der äußeren, kategorialen Ereignisse und einen Blick auf ihre Innenseite: Wie

»schmeckt« Jesu Umgang mit den Kranken? Welchen »Geschmack« hatte meine heutige berufliche Tätigkeit? Wo entdecke ich in beidem die Spuren Gottes?
– Im Speziellen soll die *Anwendung aller fünf Sinne* Teil jeder Meditation bzw. Kontemplation sein[7] (s.u. Kap. 7.4). Nach einem allgemeinen Vorbereitungsgebet (1) geht es um den »Aufbau des Schauplatzes«, d.h. die Vorstellung des Ortes und der Umstände, die ein bestimmtes Geschehen ausmachen, vor dem inneren Auge (2). Nachdem man erbeten hat, was man in der konkreten Betrachtung begehrt (3), folgt dann die eigentliche Meditation mit allen vorhandenen geistigen und emotionalen Kräften (4): Mit dem Verstand, den Affekten, dem Willen, dem Gedächtnis (EB 45ff). Die in EB 2 angezielte Innerlichkeit wird also durch eine bestimmte Gestaltung der äußerlichen Wahrnehmung vermittelt. Ungegenständliche Gotteserfahrung ereignet sich nach Ignatius in gegenständlicher Welterfahrung. Das ist eine pointiert neue Sicht christlicher Mystik.

Wie beschreibt Ignatius das *Ziel allen Übens und Betens*? Es ist dies die Bereitschaft zur vorbehaltlosen Hingabe. Das berühmte »Suscipe«, das Gebet der Selbstübereignung an Christus (EB 234), ist Mitte und Ziel des Exerzitienprozesses wie auch allen spirituellen Suchens. Gotteserfahrung, so die dahinterliegende Annahme, ist nur möglich in der liebenden, restlos vertrauenden Übereignung des Menschen an das Du Gottes. Der Mensch löst seine Personalität dadurch nicht auf, sondern gewinnt sie erst in Fülle.

Versuchen wir wiederum die drei Leitfragen des Kapitels zu beantworten:

Das Verhältnis von Rationalität und Emotionalität: Freiheit und Willen (emotionale Kräfte), Verstand und Gedächtnis (rationale Kräfte) übereignet der Glaubende in der Gottesbegegnung an das größere Du Gottes und empfängt sie von ihm neu zurück. Die Gotteserfahrung ist für Ignatius ein ganzheitliches Geschehen, das keine Ungleichgewichtung verträgt.

Das Verhältnis von Gegenständlichkeit und Ungegenständlichkeit: Die Gotteserfahrung selbst ist für Ignatius ungegenständlich, gehört zur »Innenseite« der Wirklichkeit. Aber keine Innenseite ohne eine

---

[7] Ignatius verwendet die beiden Begriffe gleichbedeutend, siehe z.B. EB 49. Zur Anwendung der Sinne s.u. Kap. 7.4.

Außenseite – keine ungegenständliche Gotteserfahrung ohne eine gegenständliche Welterfahrung. Für Ignatius ist die Gotteserfahrung immer in Welt vermittelt.[8] *Die Einheit zwischen Mensch und Gott* wird durchgehend in personalen Kategorien gedacht. Je mehr ein Mensch sich ganz an Gott hingeben kann, umso mehr wird er auch er selbst.

4.4 Die platonische Prägung im Mainstream christlicher (Männer-)Mystik

Außerhalb der monastischen Orden und der Frauenklöster folgt die christliche Mystik weitgehend der Deutung ihres Gründervaters Dionysius Areopagita (Werke um 500 n.Chr.). Dessen Lehre orientiert sich durchgehend an den neuplatonischen bzw. plotinischen Schemata vom intellektuellen Aufstieg der Seele in die göttliche Sphäre. Über Meister Eckhart, von dem die neure Forschung allerdings bezweifelt, ob er überhaupt als Mystiker bezeichnet werden kann,[9] bis hin zu Johannes vom Kreuz folgt der Mainstream christlicher Männermystik den neuplatonischen Sprachregelungen und Kategorien des Areopagiten – obwohl diese keineswegs genuin christlich sind, ja teilweise sogar den kirchlichen Lehren widersprechen und deswegen von der Inquisition untersagt werden.

Johannes vom Kreuz (1542 Fontiveros bei Ávila–1591 Úbeda) stellt einen gewissen Endpunkt dieser über 1000 Jahre währenden Entwicklung dar. Er wurde freilich lange Zeit durch die kirchliche Inquisition verfolgt. Neun Monate Haft im finsteren Kerker konnte er nur durch eine abenteuerliche Flucht beenden – das hinterließ unverwechselbare Spuren einer Mystik der »Nacht« in seinen Werken.

Nach Johannes gibt es *drei Stufen geistlichen Lebens* (nach »Die dunkle Nacht«; 1 N 1):

---

[8] Dies ist eine dezidiert andere Ignatius-Interpretation als die von Frank Houdek 2011 vorgelegte. Houdek interpretiert die ignatianische Meditation des Gegenständlichen ausschließlich als Vorstufe zur ungegenständlichen Innerlichkeit, die er zudem bei Ignatius als schwach entwickelt einschätzt.

[9] Vgl. z.B. Alessandra Saccon 1998, Nascita e Logos. Conoscenza e teoria trinitaria in Meister Eckhart, Napoli; Kurt Flasch 2010, Meister Eckhart. Philosoph des Christentums, München.

1) Die *Meditation*, die er als diskursives Denken und rein menschliche Aktivität auffasst.

2) Die *Kontemplation*, die bereits göttliches Tun ist und eine Eingießung des göttlichen Lichts verkörpert. Sie ist für Johannes die eigentliche mystische Erfahrung und hat zwei Teilstufen: In der Nacht der Sinne und Strebungen erlöschen zunächst diese eher leiblichen, emotionalen Kräfte im Menschen. In der Nacht des Geistes bzw. des ganzen Menschen erlischt dann auch jedwede geistige Aktivität.

3) Die *Vollkommenheit* schließlich bedeutet als dritte, die mystische Erfahrung übersteigende Stufe die Liebeseinung mit Gott, der den Menschen wie ein wildes Tier verschluckt (2 N 5–6), so dass der Mensch in dieser Phase als Individuum ausgelöscht wird.

Zur Verdeutlichung dieses dreistufigen Prozesses erzählt Johannes von einem *Menschen, der nachts heimlich das Haus verlässt* (2 N 14–24). Dabei übernimmt er eine lange Tradition: Schon Gregor von Nyssa, Dionysius Areopagita, Jan Ruusbroec, die »Wolke des Nichtwissens« und die Sufi-Mystik erzählen diese Bildgeschichte: Der Mensch kann erst aus dem Haus schleichen, wenn alle Hausbewohner schlafen – und das heißt Sinne und Geist nicht mehr aktiv sind (2 N 14; 24). In der völligen Dunkelheit geht er weg – er lässt sich ganz von Gott führen, weil er frei von Strebungen (die Sinne schlafen und können kein Begehren auslösen) und Gedanken ist (auch der Geist schläft)[10] (2 N 16). Um absolut unerkannt zu bleiben, vertauscht der Mensch seine Kleider – die Feinde erkennen ihn nicht mehr, wohl aber Gott (2 N 15; 21). Er verlässt das Haus über eine Geheimtreppe – Mystik ist ein Geheimwissen und führt wie eine Treppe über Stufen ans Ziel (2 N 17–20).

Schauen wir wiederum auf die drei Leitfragen dieses Kapitels:

1) *Das Verhältnis von Rationalität und Emotionalität*: Für Johannes ist die mystische Gotteserfahrung ein rein intellektueller Vorgang. Zwar erlischt auf der zweiten Stufe der Kontemplation auch die geistige Aktivität des Menschen, doch verraten die Bilder der Erleuchtung (1 N 1) und der Geheimtreppe (2 N 17ff), dass es um ein rationales Wissen und intellektuelles Aufnehmen Gottes geht.

---

[10] Die Sinne repräsentieren hier anders als bei Mechthild von Magdeburg die Strebungen bzw. die Leidenschaften des Menschen und damit seine emotionale Seite – für die rationale Seite steht der Geist mit seinen Gedanken. Vgl. Kap. 4.2.

2) *Das Verhältnis von Gegenständlichkeit und Ungegenständlichkeit*: Die Gotteserfahrung ist für Johannes absolut ungegenständlich. Sie wird nicht gegenständlich vermittelt. Vielmehr geht es darum, alle gegenständliche Anschauung hinter sich zu lassen. Johannes schließt von der Ungegenständlichkeit der Gotteserfahrung auf die Gegenstandslosigkeit der Kontemplation – ein gewagter Schluss.

3) *Die Einheit zwischen Seele und Gott* wird in apersonalen Kategorien gedacht. Wie ein Raubtier verschluckt Gott den kontemplativen Menschen, der sich in einen unpersönlichen Gott hinein auflöst.

4.5 Die moderne Interpretation unter fernöstlichem Einfluss

Im 20. Jh. ist es modern geworden, Impulse der fernöstlichen, insbesondere buddhistischen Spiritualität in den Westen zu tragen. Das führte zu einer neuen Aufmerksamkeit auch für die christliche Mystik, die in den vergangenen drei Jahrhunderten eher einen Dornröschenschlaf erlebte. Jedoch entwickelten sich auch fragwürdige Verbindungen von christlichem und fernöstlichem Gedankengut.

Der Biochemiker *Ken Wilber* (* 1949 Oklahoma) pflegt schon im Studium intensive Kontakte mit dem Buddhismus. Im Laufe der Jahre entwickelt er eine *3-Stufen-Theorie der inneren Bewusstwerdung*, die in esoterischen Kreisen breite Rezeption findet:

- Die *präpersonale Stufe* ist dominiert von einer vorrationalen Sinnes- und Körperwahrnehmung – der Mensch achtet praktisch nur auf sinnenhafte äußere Einflüsse. Er folgt äußeren Reizen und ist damit noch gar nicht wirklich Person geworden.
- Die *personale Stufe* führt zur rationalen Ich-Wahrnehmung – der Mensch entwickelt ein gesundes Selbstbewusstsein.
- Die *transpersonale Stufe* schließlich repräsentiert die mystische All-Eins-Erfahrung. Auf ihr spürt der Mensch, dass er sich ganz und gar im umfassenden All auflöst. Das ist nach Wilber die höchste Entwicklungsstufe des menschlichen Bewusstseins; viele Menschen erreichen sie, aber noch mehr Menschen erreichen sie nicht (Ken Wilber 1990, 13–18).

Willigis Jäger (geb. 1925 Hösbach bei Aschaffenburg), bis zur Auferlegung eines Lehrverbots 2002 Benediktiner im Kloster Münsterschwarzach und seitdem Leiter eines eigenen Meditationszentrums in Holzkirchen bei Würzburg, versucht, die Theorie Wilbers mit Gedanken des Johannes vom Kreuz theologisch zu untermauern. Er sieht in dem emotionalen, sinnenhaften Sich-Hineinstellen in ein biblisches Geschehen, wie es für Ignatius von Loyola Schlüssel jeder Gotteserfahrung ist, »nur« eine Vorbereitung auf das Eigentliche: »Solange das Bewusstsein an Bildern oder Konzepten festhält, ist es noch nicht dort, wo die eigentliche Erfahrung Gottes möglich ist. Bilder und Vorstellungen verdunkeln das Göttliche mehr, als dass sie es erhellen. Sie sind Glasfenster, die vom Licht, das dahinter leuchtet, erhellt werden. Wer das Licht sehen will, muss hinter die Glasfenster schauen.« »Aber Glaube kann nicht mitgeteilt werden ohne Bilder und Worte ... Bilder und Symbole können echte Wege, die in die letzte Wirklichkeit hineinführen, sein« (Willigis Jäger 2001, 2). Als »letzte Wirklichkeit« betrachtet Jäger das transpersonale, gegenstandslose Einswerden mit allem. Gott habe die Welt nicht außerhalb, sondern innerhalb seiner selbst geschaffen. Die ursprüngliche und reine Beziehung zwischen Gott und Welt sei eine »Nicht-Zweiheit«. Gott und Welt seien wie Baum und Ast; Körper und Körperteil; Meer und Welle. Mystik bedeute daher nicht, mit Gott eins zu werden, sondern sich der bestehenden, geschenkten Einheit mit Gott bewusst zu werden – nicht intellektuell, denn denken lasse sich nur Zweiheit, sondern »in der Tiefenerfahrung«. So weite die mystische Erfahrung das Ego und überschreite es auf das Ganze des Kosmos hin (Willigis Jäger 1985, 30–35).

Was versteht Jäger unter der »Tiefenerfahrung«? Es wird schwierig, das klar zu sagen. Jäger umschreibt sie wie Wilber als »transpersonal«. Der Mensch erlange durch sie ein »kosmisches Bewusstsein«, in dem er »das reine Sein« und seine Einheit mit der »Ersten Wirklichkeit« wahrnimmt. So sei die Tiefenerfahrung die Erfahrung auf der höchsten der drei Wilber'schen Stufen des Bewusstseins (Willigis Jäger 2000, 32–34). Auch in den Texten des Johannes vom Kreuz finde sich keine personale Kategorie und nichts typisch Christliches – es müsse also legitim sein, mit vergleichbaren Begriffen über die Gotteserfahrung zu reden (Willigis Jäger 2000, 46–50).

Schauen wir ein letztes Mal auf die drei Leitfragen dieses Kapitels:

1) Das Verhältnis von Rationalität und Emotionalität: Beide – Wilber wie Jäger – betonen die Irrelevanz sinnenhafter Eindrücke auf der personalen und transpersonalen Stufe. Auf der personalen Stufe ist rationales Erkennen dominant, auf der transpersonalen Stufe bleibt unklar, welcher Art das Erkennen und Erfahren der »Tiefenerfahrung« ist.

2) Das Verhältnis von Gegenständlichkeit und Ungegenständlichkeit: Jäger betont unermüdlich die Gegenstandslosigkeit der Gotteserfahrung. Aber gegenstandslos – d.h. eine leere Menge in der Dimension des Kategorialen – ist nicht dasselbe wie ungegenständlich, d.h. zu einer völlig anderen Dimension als der des Kategorialen gehörend. Die Gotteserfahrung ist ungegenständlich – darüber herrscht allseits Einigkeit. Aber deswegen muss sie noch lange nicht gegenstandslos sein. Hier begeht Jäger einen Kategorienfehler.[11]

3) Die Einung zwischen Mensch und Gott wird in apersonalen Kategorien gedacht, als Aufhebung der Subjekt-Objekt-Differenz, als »Einswerden« der Welle mit dem Meer. Auch hier ist ein Kategorienfehler zu vermuten: Der Meditierende mag ja subjektiv das Gefühl haben, sein Ich löse sich in die größere Einheit des Kosmos hinein auf. Ob diese Auflösung des Ich aber eine objektive Wirklichkeit ist, wäre noch zu zeigen.

4.6 Gotteserfahrung als liebende Begegnung in vermittelter Unmittelbarkeit

Fünf verschiedene Modelle haben wir betrachtet, die allesamt versuchen, das Unaussprechliche der intimen Erfahrung Gottes in den Grenzen menschlicher Sprache halbwegs aussprechbar und kommunikabel zu machen. Einige davon (Mechthild, Johannes vom Kreuz) sind höchst dichterisch verfasst – weswegen sich im 20. Jh. lange Zeit mehr LiteraturwissenschaftlerInnen mit mystischen Texten beschäftigten als TheologInnen. Woran messen wir aber theologisch, ob die-

---

[11] Um zu verdeutlichen, was gemeint ist, sei ein Beispiel vorgestellt: Wenn wir vom Raum einer Wohnung sagen, er sei gegenstandslos, dann wollen wir damit ausdrücken, dass darin keine Möbel stehen, dass also der Raum absolut leer ist. Vom »Raum des Herzens« hingegen können wir nie behaupten, dass er gegenstandslos sei. Er ist vielmehr ungegenständlich, d.h. er ist gar kein Raum im physikalisch-empirischen Sinne.

se Positionen der christlichen Botschaft ebenso angemessen sind wie einer modernen Anthropologie? Auf den ersten Blick fällt auf, dass ab dem 13. Jh., d.h. ab dem Entstehen der Inquisition, alle hier referierten Personen, die über ihre Gotteserfahrung zu reden begannen, starken Verdächtigungen durch das Lehramt und streng »orthodoxe« Kreise ausgesetzt waren. Doch bei weitem nicht alle wurden verurteilt. Dies geschah auffälligerweise nur bei Johannes vom Kreuz (der als Person freilich rund 100 Jahre nach seinem Tod selig- und dann heiliggesprochen wurde) und Willigis Jäger – also jenen Personen, die die neuplatonisch-intellektualistische Interpretationslinie mystischer Erfahrung verfolgen. Doch kann die Berufung auf die kirchliche Autorität allein kein theologisches Argument sein. Daher sollen abschließend in neun Thesen einige systematische Überlegungen vorgetragen werden:

1) Wenn die Liebe der ethische, aber auch theologische Kern der christlichen Botschaft ist, kann christliche Theologie (anders als buddhistische) die mystische Erfahrung nur als liebende, d.h. personale Begegnung deuten. Die personale Liebe ist der Grund und innerste Kern jeder echten Mystik.

2) Liebende Begegnung heißt Einheit und Verschmelzung zweier Personen in bleibender Verschiedenheit und Differenz. Das Ich bleibt Ich und das Du bleibt Du auch im Wir.

3) Aber aus liebender Hingabe erwächst Selbststand: Je mehr der Mensch sich selbst verströmt, umso mehr gewinnt er sein (personales) Selbst. Genau darauf zielt die klassische Definition des Personbegriffs: »persona est relatio subsistens« – »Person ist zugrundeliegende Beziehung«, das bedeutet ja: Wer Person ist, gewinnt Selbststand und Identität in und aus Beziehung, indem er sich selbst verschenkt.

4) Viele MystikerInnen sprechen von der Erfahrung inneren Leerwerdens. Im Kontext personaler Begegnung kann dies so verstanden werden, dass dort, wo diese Begegnung besonders intensiv ist, alle gegenständliche Wahrnehmung zurücktritt. Das Du des anderen wird nicht gegenständlich wahrgenommen.

5) Obgleich das Du des anderen nicht gegenständlich wahrgenommen wird, wird die Erfahrung des Du doch immer (!) gegenständlich vermittelt – auch dort, wo diese Vermittlung subjektiv nicht mehr erlebt wird. Die unmittelbare Gegenwart des Du birgt in sich

all dessen geschichtliche Erfahrung. Kein Du, auch nicht das Du Gottes, ist je losgelöst von Geschichte erfahrbar.

6) Insofern geht es nicht darum, gegenständliche Betrachtungen als »Vorstufe« *hinter* sich zu lassen, um zur »eigentlichen« Gotteserfahrung zu gelangen, sondern *in* den gegenständlichen Wahrnehmungen des eigenen Lebens und des Lebens Jesu die Unmittelbarkeit des je größeren Gottes zu erspüren: »... die Kreatur ... in ihrer Entsprungenheit und Selbständigkeit *in* Gott zu finden ..., das Kleine im Großen, das Umgrenzte im Grenzenlosen, das Geschöpf (es selbst!) im Schöpfer: das ist erst die ... höchste Phase unseres Gottesverhältnisses« (Karl Rahner 1956, 56).

7) In diesem Kontext gewinnt dann aber die irdische Wirklichkeit eine unüberbietbare und unverzichtbare Heilsbedeutung: Weil Gott sich selbst in Jesus von Nazaret auf unwiderrufliche Weise mit dieser Welt identifiziert hat (»redemptum quod et quia assumptum«!), weil er deshalb nur in und mit dieser Welt geliebt und erfahren werden kann, ist die Liebe zur Welt (wo sie echte Liebe ist) kein Widerspruch zur Gottesliebe, sondern deren innerste Sinnspitze und Erfüllung.

8) Demzufolge ist die heilshafte Bedeutung der Menschheit Jesu nicht auf dessen irdische Lebenszeit beschränkt. Vielmehr muss sie viel radikaler gedacht werden, als dies die traditionelle Dogmatik getan hat: Auch in der Ewigkeit, in der visio beatifica, ist die Begegnung des Menschen mit Gott nur möglich über die Vermittlung durch die Menschheit Jesu. Auch im Himmel gilt: Wer den Menschen Jesus in seiner Leibhaftigkeit sieht, der sieht den ewig unsichtbaren Vater.

9) Die Vermittlung des göttlichen Du durch den Menschen Jesus von Nazaret muss nicht notwendig bewusst und thematisch als solche wahrgenommen werden. Auch der Buddhist kann in seiner Meditation die göttliche Zuwendung erfahren. Aber dies ist ihm aus der Sicht christlicher Theologie nur deshalb möglich, weil sich Gott der Welt geschenkt hat – in einem geschichtlich konkreten Ereignis.

4.7 Das ignatianische Gebet der Hingabe

Wohl kaum ein Gebet fasst so treffend zusammen, worum es in der Gotteserfahrung geht, wie das berühmte »Suscipe« des Ignatius von Loyola, das deswegen am Ende dieses Kapitels stehen soll:

Nimm hin, Herr,
und empfange meine ganze Freiheit, mein Gedächtnis,
meinen Verstand und meinen ganzen Willen,
meine ganze Habe und meinen Besitz.
Was ich habe und besitze, hast du mir geschenkt.
Ich gebe es dir wieder ganz und gar zurück und überlasse alles dir,
dass du es lenkst nach deinem Willen.
Nur deine Liebe schenke mir und deine Gnade.
Dann bin ich reich genug und suche nichts weiter.

(Ignatius von Loyola, EB 234)

5. Sprachregelungen für das Beten?

Beten als innerkirchliche Kommunikation (Ekklesiologie des Gebets)

In der modernen, von Migration geprägten Gesellschaft wissen wir besser als je zuvor, welche Bedeutung eine gemeinsame Sprache hat, um einander zu verstehen. Wenn jemand die Sprache seines Aufenthaltslandes nicht spricht, blockiert ihm das den Zugang zu gesellschaftlichen Prozessen der Bildung und Beteiligung, zu anspruchsvollen Arbeitsplätzen, letztlich auch zur emotionalen und kulturellen Integration. Sprache ist die Grundlage für die meisten sozialen Interaktionen. Das gilt analog auch für das Gebet als die wichtigste und dichteste sprachliche Ausdrucksform jeder Religion. Beten vermittelt die Teilhabe an fast allen sozialen Prozessen innerhalb der betreffenden Religionsgemeinschaft. Wer mitbeten kann, gehört dazu – wer das Gebet nicht beherrscht, bleibt AußenseiterIn.

In diesem Kapitel soll es um das Beten als Ausdruck einer gemeinsamen Sprache der Kirche gehen. Christliches Beten ist die Sprache der Mutter Kirche – und damit zugleich die Muttersprache der ChristInnen. Es ist gebunden an die Sprachgemeinschaft Kirche und sagt etwas über diese selbst, ihr Leben und ihr Selbstverständnis. Beten als gemeinsame Sprache braucht aber wie jede Sprache klare, allgemein verbindliche und allen bekannte Regeln – und Instanzen, die diese Regeln aufstellen und ihre Einhaltung kontrollieren. Das kirchliche Lehramt ist folglich eine Art »Dudenkommission« der kirchlichen Sprache – der theologisch-deskriptiven Lehrsprache ebenso wie der spirituell-expressiven Gebetssprache. Es regelt, wie ChristInnen *über* den Glauben miteinander reden können und wie sie *im* Glauben zu Gott sprechen können.

Welche Sprachregelungen gibt es also für christliches Beten? Wo teilt das Christentum seine Gebetssprache mit anderen Religionen und wo nicht? Und wie weit lässt sich die christliche Gebetssprache in die Gebetssprache anderer Religionen übersetzen?

In den vorangehenden Kapiteln 2–4 haben wir auf den innerlichen Vollzug des Betens geschaut. Doch Beten ist ein ganzheitliches Geschehen. Daher wenden sich die folgenden Kapitel 5–8 der konkreten, leibhaftigen Gestalt christlichen Betens zu. Und während es in den Kapiteln 2–4 um das Sprechen mit Gott ging (zunächst in Kapitel 2 unabhängig von der Annahme, ob es Gott gibt, dann in Kapitel 3–4 unter Voraussetzung dieser Annahme), soll jetzt auf das Gebet als Sprechen der Glaubenden miteinander geschaut werden – synchron (Kapitel 5) und diachron (Kapitel 6). Vier Schritte sollen das Kapitel prägen: Beten als Interaktion in der Kirche (5.1) – eine Art grundsätzliche Standortbestimmung; Beten als Interaktion der Kirche (5.2) – eine spezifische Anwendung des Prinzips der Stellvertretung; Beten als Interaktion zwischen den Gliedern der Kirche (5.3) – eine Meditation über das Fürbittgebet; und schließlich das interreligiöse Beten als Interaktion der Religionen (5.4).

5.1 Beten als Interaktion in der Kirche

Die sog. Sprechakttheorie nach John Langshaw Austin (1911 Lancaster – 1960 Oxford) und John Rogers Searle (*1932 Denver), von der schon in Kapitel 2 die Rede war, geht davon aus, dass Sprechakte Handlungen sind, die jemand vollzieht, indem er einen Satz äußert. Sprache ist immer und notwendig Interaktion. Das gilt selbstverständlich auch für das Gebet, das aber spätestens in dem Moment, wo es gemeinschaftlich vollzogen wird, nicht mehr nur Interaktion zwischen Mensch und Gott, sondern auch zwischen Mensch und Mensch ist. Täuschen wir uns nicht: Auch wenn jemand aus der Kirche austritt und keinerlei kirchliche Gemeinschaft mehr pflegt, betet er, wenn er betet, meist in der ihm vertrauten Gebetssprache. Und das ist die Sprache der Kirche. Sein Sprechakt des Betens bleibt also an die Kirche gebunden, auch wenn der Beter sich explizit von der Kirche gelöst hat. Christliches Beten ist Interaktion in der Kirche – ob jemand das will oder nicht.

Nun kennt die Sprechakttheorie vier »Klassen« – ich würde deutlicher sagen: vier Attribute – von Sprechakten. Sprechakte sind kommunikativ, d.h., sie verbinden die miteinander kommunizierenden Menschen untereinander; sie sind konstativ, d.h., in ihnen werden Sachverhalte festgestellt; sie sind expressiv, d.h., sie drücken innere Befindlichkeiten der redenden Personen aus; und sie sind regulativ, d.h., sie setzen Regeln zwischen den Kommunizierenden.

Der Clou der Sprechakttheorie ist nun nach Jürgen Habermas[12], dass

---

[12] Vgl. bes. Jürgen Habermas 1971, Vorbereitende Bemerkungen zu einer Theorie der

sich in jeder Klasse von Sprechakten eigene Geltungsansprüche artikulieren, die die Sprechenden mit ihrer Äußerung unvermeidlich erheben: Als kommunikative Handlung zielt Sprache auf die Verständlichkeit ihres symbolischen Ausdrucks; als konstatives Geschehen beansprucht sie die Wahrheit des propositionalen Gehalts; als expressives Tun beabsichtigt Sprache die Wahrhaftigkeit der intentionalen Äußerung; und als regulativer Vollzug fordert sie die Richtigkeit in Bezug auf Normen und Werte.

Schaubild: Die vier Sprechaktklassen und ihr Geltungsanspruch nach Jürgen Habermas

Sprechakt-Klasse	Beispiele	Geltungsanspruch
Kommunikativa	Rede und Gegenrede, Frage und Antwort	Verständlichkeit des symbolischen Ausdrucks
Konstativa	Deutungen, Behauptungen, Empfehlungen, Erklärungen	Wahrheit des propositionalen Gehalts
Expressiva	Äußerung von Einstellungen, Gefühlen, Wünschen	Wahrhaftigkeit der intentionalen Äußerung
Regulativa	Befehl und Widerstand, Erlaubnis und Verbot, Versprechen und Rechenschaftslegung	Richtigkeit in Bezug auf Normen und Werte

Wie schon gesagt: Die vier Attribute (»Klassen«) des Sprechakts treten nie exklusiv auf, sondern sind in jedem (!) Sprechakt alle vorhanden. Allerdings haben sie je nach Sprechakt völlig unterschiedliches Gewicht. Das gilt auch im Falle des Gebets:

– Gebet ist zwar in Bezug auf Gott immer höchst *kommunikativ* – nicht aber immer in Bezug auf andere Glaubende; betet jemand allein, spielt dieser Aspekt eine sehr untergeordnete Rolle; beten sehr viele gemeinsam wie auf einem Weltjugendtag, bleibt die kommunikative Dimension sehr oberflächlich – die Verbindung zwischen zwei WeltjugendtagsteilnehmerInnen, die sich nicht kennen, wird

---

kommunikativen Kompetenz, in: ders./Niklas Luhmann, Theorie der Gesellschaft oder Sozialtechnologie. Was leistet die Systemforschung?, Frankfurt/Main, 101–141, hier 111f; Jürgen Habermas 1976, Was heißt Universalpragmatik?, in: Karl-Otto Apel (Hg.), Sprachpragmatik und Philosophie, 174–272, hier 246ff.

durch das gemeinsame Beten aller kaum vertieft; beten aber einige wenige Menschen miteinander, schweißt sie das Beten womöglich stark zusammen. Es ist also jenseits des privaten Betens durchaus wichtig, auf die Verständlichkeit der Gebetssprache zu achten.

– Gebet ist – wo es sich nicht in abstrakten Formeln ergeht – immer auch *konstativ* – in ihm werden Aussagen über Gott und die Welt gemacht. Dabei geht es nicht immer nur um theologisch-dogmatische Aussagen. Auch Aussagen z.b. über das gegenwärtige Weltwirtschaftssystem oder die Schuldigen an der globalen Finanzkrise, wie sie in Fürbitten unweigerlich gemacht werden, müssen sorgfältig auf ihre sachliche Wahrheit geprüft werden.

– Gebet ist zweifelsohne sehr stark *expressiv* – in ihm drücken sich Sehnsucht und Hoffnung, Freude und Angst der Menschen aus. Von der Wahrhaftigkeit des Betens hängt es am meisten ab, ob ein Gebet hilfreich sein kann oder nicht. Es dürfte kein Zufall sein, dass die meistgeäußerte Kritik am Beten der Gläubigen lautet, es sei »verlogen«. Die Gläubigen würden in der Kirche fromm beten und sich danach vor der Kirchentür wie »moralische Wildschweine« verhalten. – Wäre das tatsächlich so, würde das die Glaubwürdigkeit des Gebets zerstören.

– Gebet ist manchmal auch *regulativ*: Wenn in der abendlichen Gewissenserforschung eigene Fehler anerkannt und bereut werden; wenn um Vergebung in einer konkreten Sache gebetet wird; wenn das Glaubensbekenntnis gesprochen wird; wenn Betende ein Versprechen ablegen – vom Versprechen, eine Wallfahrt zu machen, bis zum Tauf-, Ehe- oder Weiheversprechen und zum Ordensgelübde. Solche Versprechen werden ja im Kontext des Betens abgelegt, manchmal auch als Gebet formuliert. – Hier gilt es darauf zu achten, dass keine unmoralischen Versprechen abgelegt werden. Wenn etwa jemand das Gelübde ablegen will, sich zur Buße für schwere Schuld selbst zu geißeln oder zu verstümmeln, müsste der damit befasste Priester einschreiten. Auch der Versuch eines Verheirateten, ein Ordensgelübde abzulegen, wird ein kirchenamtliches Verbot auslösen.

In allen vier Dimensionen braucht das Gebet wie alle Sprechakte (!) folglich eine gewisse Aufmerksamkeit und Kontrolle, damit es erreichen kann, was es erreichen soll. Nun ist das Gebet aber nur ein Sprechakt der Kirche von mehreren, der wichtigste, aber nicht der einzige. Ein zweiter wichtiger Sprechakt ist das kirchliche Lehren – in Predigten, Enzykliken, Dogmen, Katechismen, im Religionsunterricht und an theologischen Fakultäten. – Wie stehen *Beten und Lehren der Kirche* miteinander in Beziehung? Lehrsätze sind stärker konstativ und normativ als Gebete, Gebete ihrerseits sind stärker kommunikativ und expressiv als Lehrsätze. Beide können und müssen einander also ergänzen als gleichermaßen wichtige sprachliche Ausdrucksformen der Sprachgemeinschaft Kirche. Sie dürfen nicht gegeneinander ausgespielt werden nach dem Motto: »Dogmen interessieren mich nicht, das Wesentliche ist die Spiritualität!«, oder umgekehrt: »Was braucht es die Gefühlsduselei einer persönlichen Spiritualität, wichtig sind doch einfach die Vorschriften der Kirche!« Nein, die frühkirchliche Regel gilt auf der Basis der Sprechakttheorie noch eindringlicher: »lex orandi est lex credendi« und umgekehrt »lex credendi est lex orandi«. Lehre und Spiritualität müssen sich gegenseitig befruchten, korrigieren und integrieren.

Beten ist – so überraschend es sein mag – primär ein Sprechen mit anderen Glaubenden und in der Gemeinschaft des Glaubens – und *darin* (!) ein Sprechen mit Gott. Die transzendentale Gotteserfahrung, die Menschen im Beten machen dürfen, vollzieht sich in der kategorialen Erfahrung von Glaubensgemeinschaft als Sprachgemeinschaft. Der Glaubende spricht mit Gott in der Muttersprache seiner Religion – und Gott versteht sie. Umgekehrt kann der Mensch die Sprache Gottes nur vermittelt in der eigenen (Glaubens-)Sprache verstehen. Die »Sprache« Gottes selbst ist dem Menschen unzugänglich. Auch das gehört dazu, wenn wir Gott als Geheimnis verstehen.

5.2 Beten als Interaktion der Kirche

Wer ist das *Subjekt des Betens*? Wer betet in primärer Hinsicht? Die Frage mag überraschen, denn natürlich betet in einer Sichtweise der oder die einzelne Gläubige. Aber wenn die Kirche eine Gemeinschaft des Glaubens ist und wenn Beten ohne die diese spezifische Sprache tragende Gemeinschaft nicht möglich ist, dann betet in erster Linie immer die *Kirche* als solche. »Ecclesia orans« – »betende Kirche«, so sagt das ein theologisches Theorem.

Mit dem christlichen Beten ist daher das Prinzip der *Stellvertretung* eng verknüpft: Die Betenden beten für all jene mit, die aktuell nicht beten können – aus welchen Gründen auch immer. Das ausdrückliche Beten »pro fratribus absentibus«, »für die abwesenden Brüder und Schwestern«, soll daran erinnern. Umgekehrt gibt es auf dem Land noch heute den Brauch, dass wenigstens einer aus jeder Familie bzw. von jedem Bauernhof im Gottesdienst anwesend ist – stellvertretend für alle auf dem Hof. Und manchen Schwerkranken tröstet es, wenn er sich vorstellt, dass er sein Gebet stellvertretend für all jene vollzieht, die auf Grund der Hektik ihres Lebens keine Zeit dafür zu finden meinen. In diesen vielgestaltigen Anwendungen des Stellvertretungsgedankens auf das kirchliche Beten liegt keine Vereinnahmung der Nichtbetenden, sondern vielmehr deren Entlastung: Du brauchst nicht immer selber beten – andere können das im Verhinderungsfall für dich übernehmen! Zugleich erfährt das Gebet der Betenden eine Aufwertung: Sie tun es nicht nur für sich, sondern auch für andere.

Das Stellvertretungsprinzip ist auch dann berührt, wenn Menschen allgemeine, vorformulierte Gebete für sich persönlich verwenden. Stellvertretend für sie haben andere die Worte gefunden, die »ihnen aus dem Herzen sprechen«. Wiederum bedeutet das Entlastung: Der nach Worten suchende und ringende Beter darf sich in die Gebetssprache der Kirche hineinfallen lassen. Er braucht die Sprache nicht selbst erfinden, sondern darf Worte anderer Glaubender übernehmen (Erich Zenger 1991, 13f). Gerade in schweren Zeiten tut es Betenden sehr gut, sich in das vorformulierte Gebet hineinfallen zu lassen.

Eine zweite Konkretion des Betens als Tun der Kirche ist das Gebet im selben Anliegen und zur selben Zeit an verschiedenen Orten. Beten kann eine *grenzüberschreitende Verbundenheit* erzeugen. Der ökumenische Kreuzweg der Jugend, den Gläubige in Ost- und Westdeutschland über all die Jahre der Teilung Deutschlands gemeinsam beteten (und der im Westen immer mit einer Kollekte für Projekte im Osten verbunden war), war ein starkes Zeichen der Gemeinschaft und ein nachhaltiges Signal, dass man sich mit der Trennung nicht abfinden wollte.

Drittens bedeutet das gemeinsame Beten eine grundlegende *Horizonterweiterung* (Erich Zenger 1991, 14): Der Betende sieht nicht mehr nur sich und seine kleine Welt, sondern lässt sich von den Erfahrungen anderer öffnen für die größere Wirklichkeit. Er kann leichter spüren, was diese bewegt, und sich dadurch besser in sie hineinversetzen. Wenn der primäre Ort des Betens die Gemeinschaft ist, dann ist eine Engführung des Gebets auf die Privatsphäre per se unzulässig.

Natürlich kann dabei eine Spannung zwischen den im allgemeinen Gebetstext angesprochenen Themen und den individuellen Gefühlen mancher Betenden entstehen. Nicht jeder wird an Ostern mitjubeln können, denn mancher hat gerade einen lieben Menschen verloren. Nicht jeder wird umgekehrt an Allerseelen mittrauern können, denn manchem geht es einfach nur gut. Diese Spannung zwischen persönlicher Gestimmtheit und thematischer Prägung gemeinsamer Gebete muss aber kein Hindernis zu aufrichtigem Beten sein. Denn der anders empfindende Beter kann sich einerseits durch die vorgegebenen Gebete an Zeiten erinnern, in denen er das im Gebet Angesprochene selbst schon empfand. Oder er nimmt das vorgegebene Gebet als Chance, bewusst gegen seine momentane Verfasstheit »anzubeten« und sich vom Strom des Gebets mitnehmen und verwandeln zu lassen. Nicht selten ist für Trauernde die Osternacht ein bewegendes Erlebnis, das sie ihrer Trauer entreißt und ihnen neue Hoffnung gibt.

5.3 Fürbitte als Interaktion zwischen den Gliedern der Kirche

»Bete für mich!« Diese Bitte, die Gläubige einander anvertrauen, kann ihre Verbundenheit untereinander auf einer sehr tiefen und emotionalen Ebene ausdrücken. Natürlich kann das Beten den praktischen Einsatz für Notleidende, den Beistand mit tröstenden Worten oder die zwischenmenschliche Fürsprache und Intervention zu ihren Gunsten nicht ersetzen. Aber wenn beide, der Notleidende und der Mitfühlende, im Glauben und im Gebet verwurzelt sind, werden sie auch auf dieser Ebene der Kommunikation ihre Verbundenheit ausdrücken bzw. spüren wollen. Ja dann wird diese tiefere Ebene der Interaktion unverzichtbar und kann »Berge versetzen«. Der Notleidende erhält die Kraft, seine Not besser zu bewältigen.

Im säkularen Trend der Gegenwart steht die Floskel »Ich bete für dich« unter dem Generalverdacht der Verdrängung des eigentlichen Problems. Zweifelsohne kann sie das sein und ist es früher wohl auch oft gewesen. Aber sie kann ebenso Ausdruck einer tiefen Verbundenheit sein: Der Betende nimmt den Notleidenden in sein Intimstes, ins Gebet hinein. Mehr ist nicht möglich.

Diese Potenz des Fürbittgebets, Menschen zu verbinden, ist unabhängig von der Frage, ob das Bittgebet allgemein und das Fürbittgebet im Besonderen eine »Wirkung« hat (siehe dazu Kap. 9). Wohlgemerkt betrachten wir an dieser Stelle das Fürbittgebet schlicht als innerkirchliche Form der Kommunikation – und als solche ist es von unschätzbarem Wert, weil es Räume öffnet, die sonst verschlossen blieben: Glaubende werden in einem sehr intimen Vollzug miteinander verbunden.

Allerdings »funktioniert« das Fürbittgebet in diesem Sinne nur, wenn beide glauben und beten – der Fürbittende *und* der Notleidende – und wenn beide (ungefähr) dasselbe glauben und erbitten. Bringt der Notleidende diese Voraussetzung nicht mit, kann die Fürbitte schnell zum Herrschaftsinstrument der Bevormundung und falsch verstandenen Missionierung werden. Der, für den gebetet wird, fühlt sich gefangen und unfrei – er wurde nicht gefragt, ob er das will bzw. ob er das in diesem Anliegen will.[13] Treffend drückt das ein Gedicht von Dieter Fringeli aus:

arrest

der pfarrer schloss mich ein in sein gebet
wie komme ich da wieder raus

(Dieter Fringeli 1981, Ohnmachtwechsel und andere Gedichte aus 20 Jahren, Zürich, 61)

Gerade das ausdrückliche Angebot des Fürbittgebets für jemanden muss ein Angebot bleiben. Es braucht daher das Feingefühl dessen, der es anbietet, und seinen uneingeschränkten Respekt vor Anders- oder Nichtglaubenden. Sonst entsteht nicht Verbindung, sondern Trennung.

5.4 Interreligiöses Beten als Interaktion der Religionen

Wenn jedes Gebet Ausdruck des Glaubens ist, dann kann es nur von denen gemeinsam vollzogen werden, die ungefähr dasselbe glauben – ungefähr, denn ganz dasselbe glauben keine zwei Menschen dieser

---

[13] Der im Jahr 2008 neu aufgeflammte Streit um die durch Benedikt XVI. wieder zugelassene vorkonziliare »Karfreitagsfürbitte« für die Juden in einer nur leicht veränderten Version zeigt, wie sensibel das sein kann!

Erde, da der Glaube immer lebensgeschichtlich durchwirkt ist. Und dann kann das Gebet auch nur so weit gemeinsam vollzogen werden, wie die miteinander Betenden dasselbe glauben. Wiederum: »lex orandi est lex credendi«. Zugleich ist gemeinsames Beten aber ein starkes Zeugnis, eine Bekundung gemeinsamen Glaubens. Wo immer es theologisch verantwortbar ist, sollten Menschen über die Grenzen ihrer Konfession oder Religion hinaus mit anderen beten, um ihre spirituelle Verbundenheit auszudrücken.

Nun ist das *ökumenische Beten in der Gemeinschaft der christlichen Kirchen* seit dem Durchbruch der ökumenischen Bewegung nach dem Zweiten Weltkrieg kein Problem mehr. Im Gegenteil, es wird selbstverständlich und auf allen Ebenen praktiziert. Alle Kirchen gehen davon aus, dass die noch bestehenden Differenzen in der Lehre im Vergleich zu den Übereinstimmungen so gering sind, dass ein gemeinsames Beten geradezu Pflicht ist.

Schwieriger, in einer multikulturellen Welt aber immer drängender ist die Frage, ob und wie ein *interreligiöses Beten in der Gemeinschaft verschiedener Religionen* möglich ist. Ein solches Beten ist gleichsam ein Beten in zwei oder mehr Sprachen (während das ökumenische Beten der ChristInnen ein Beten in unterschiedlichen Dialekten einer Sprache ist). Die Herausforderung ist damit erheblich größer. Und natürlich wird die Frage nach dem, was möglich ist, immer davon abhängen, um welche Religionen es konkret geht. Manche stehen einander vergleichsweise sehr nahe wie das Judentum als Mutterreligion dem Christentum oder beide als Ahnen dem Islam. Andere sind sich weit fremder wie die fernöstlichen Religionen in Bezug zu den abendländischen, monotheistischen (»abrahamitischen«, d.h. auf Abraham zurückgehenden) Religionen. Je nach konkreter Situation wird mehr oder weniger an Verbundenheit im Beten möglich sein.

Im Folgenden sollen zunächst alle denkbaren Modelle interreligiösen Betens vorgestellt werden. Im zweiten Schritt wird deren Bewertung durch die Deutsche Bischofskonferenz in Bezug auf die abrahamitischen Religionen dargestellt, ehe theologische Reflexionen den Abschnitt beenden.

5.4.1 Denkbare Modelle interreligiösen Betens

Derzeit werden drei Stufen fortschreitender Intensität interreligiösen Betens mit je zwei Spielarten diskutiert. Diese sind:

Monoreligiöses Beten in Verbundenheit mit anderen Religionen:

a) für die abwesenden Angehörigen anderer Religionen, aber mit deren Einverständnis, wie es die katholische Kirche seit dem II. Vatikanischen Konzil am Karfreitag praktiziert.

b) in Anwesenheit von Glaubenden anderer Religionen als Gäste und ZeugInnen. Eine solche Gastfreundschaft im Gebet ist keine Selbstverständlichkeit, sondern ein spürbares Entgegenkommen. In der frühen Kirche gab es das eigene Amt der Ostiarier, der Türsteher an der Kirchentür, die alle Nichtgetauften und NichttaufbewerberInnen wegschickten – damals hielt man die spirituelle Gastfreundschaft also für unmöglich. Und in islamischen Ländern wird die Frage bis heute sehr unterschiedlich gehandhabt, ob man die Anwesenheit von ChristInnen beim Gebet duldet.

Multireligiöses Beten, bei dem jede anwesende Glaubensgemeinschaft ihre Gebete betet:

a) gleichzeitig in verschiedenen Gotteshäusern oder

b) nacheinander im selben Gotteshaus, in dem alle versammelt sind, wie beim berühmten Friedensgebet von Assisi 1986, zu dem Johannes Paul II. die Führer aller Religionen eingeladen hatte.

Interreligiöses Beten im engen Sinn als wirkliches Miteinanderbeten:

a) Es werden Gebete der beteiligten Religionen von den anderen still oder laut mitgebetet.

b) Es werden gemeinsam formulierte Gebete miteinander gebetet.

c) Innerhalb der monotheistischen Religionen gibt es noch den Sonderfall des »abrahamitischen Betens« (Martin Bauschke/Walter Homolka/Rabeya Müller [Hg.] 2004) als einer Kombination der beiden vorgenannten Varianten des interreligiösen Gebets.

Fundamentalistische Positionen aller Religionen werden das interreligiöse Beten aller drei Stufen pauschal ablehnen. Konservative Positionen werden die ersten beiden Stufen akzeptieren, also das mono- und multireligiöse Beten. Liberale Positionen akzeptieren auch die dritte Stufe des eigentlichen interreligiösen Betens, wenn die Bedingungen dafür gegeben sind. Wie positionieren sich in diesem Zusammenhang die deutschen Bischöfe?

5.4.2 Leitlinien für das Gebet bei Treffen von Christen, Juden und Muslimen. Eine Handreichung der deutschen Bischöfe von 2008

Die 2003 erstmals herausgegebenen und 2008 überarbeiteten Leitlinien beschränken sich auf die in Deutschland vorrangige Frage des Betens der abrahamitischen Religionen. Für diese stellen sie zunächst fest: »Die drei monotheistischen Religionen sind der Überzeugung, dass Gott einer und einzig, Schöpfer des Alls und des Lebens ist, der den Menschen zu ihrem Heil seinen Willen offenbart. Der eine Gott ist Quelle allen Segens und im Gottesdienst Adressat des Lobpreises, des Dankes und der Bitte« (III.1).

Doch trotz dieser fundamentalen Gemeinsamkeit gebe es eine wichtige Differenz: Der christliche Glaube an die Dreifaltigkeit Gottes trenne das Christentum von den anderen beiden Religionen. Daher seien zwar monoreligiöses und multireligiöses Beten möglich, nicht aber interreligiöses Beten im eigentlichen Sinne:
»Unter Berücksichtigung der bestehenden Schwierigkeiten ist es unumgänglich, diejenige Form der Begegnung zu wählen, bei der die Vertreter der verschiedenen Religionen nicht gemeinsam beten, sondern jeder für sich aus seiner eigenen Tradition heraus spricht. Diese Form entspricht dem beim Weltgebetstreffen in Assisi 1986 praktizierten Modell.

Eine so genannte interreligiöse Feier, in der sich alle gemeinsam mit von allen getragenen Worten und Zeichen an Gott wenden, ist daher abzulehnen, weil hier die Gefahr besteht, den anderen zu vereinnahmen und vorhandene Gegensätze zu verschleiern ...
Beispiel und Vorbild für Gebetstreffen unter Beteiligung von Juden und Muslimen ist das von Papst Johannes Paul II. inspirierte Gebetstreffen für den Frieden am 27. Oktober 1986 in Assisi, das die Gefahr einer Vermischung (Synkretismus) vermied und die aufrichtige Gottsuche des anderen respektierte. Der Papst selbst hielt als Grundprinzip fest: ›Man kann sicher nicht zusammen beten, aber man kann zugegen sein, wenn die anderen beten‹« (III.3).
Eine vorsichtige Öffnung zum interreligiösen Beten lassen die Leitlinien aber »auf Grund der besonderen Beziehungen« für das jüdisch-christliche Beten zu, wenn bestimmte, eigens genannte Bedingungen erfüllt sind: »jede Nötigung zum Gebet hat zu unterbleiben; eine freie Zustimmung ist unabdingbare Voraussetzung; die großen Anliegen wie Versöhnung, Gerechtigkeit und Frieden sollten im Mittelpunkt

der Begegnung stehen; die Entscheidungen der jeweiligen Amtsträger sind zu berücksichtigen« (III.3.1).

Wo für das jüdisch-christliche Beten eine Öffnung der Grundposition geschieht, wird diese im Falle von Schulgottesdiensten sogar weiter geschlossen. Hier wird das multireligiöse Beten nur in der Variante (a) gestattet:»Die Schule stellt in mancher Hinsicht einen Sonderbereich dar, insofern das multikulturelle Zusammenleben und -arbeiten zum Alltag gehört, den es gemeinsam zu gestalten gilt. Das kann nur gelingen, wenn die Kinder und Jugendlichen Respekt und Rücksichtnahme lernen, aber in gleicher Weise in ihrer eigenen religiösen Tradition und Kultur gebildet werden. Deshalb bleiben je eigene Schulgottesdienste für Christen und andere Religionen unverzichtbar. Bei besonderen Anlässen (z.b. Gottesdienste anlässlich des Schuljahresbeginns oder -abschlusses) können die Glaubensgemeinschaften an getrennten Orten ihren jeweiligen Gottesdienst feiern; anschließend kann im Rahmen einer Begegnung in der Schule ein kurzes Grußwort eines Vertreters bzw. einer Vertreterin der jeweiligen Glaubensgemeinschaft erfolgen. Damit wäre eine innerschulische Integrationsbemühung geleistet, die aber nicht instrumentalisiert werden darf« (IV.1).

Die Leitlinien geben also differenzierte Kriterien und Grenzlinien vor. Was im einen Fall richtig und wünschenswert ist, kann im anderen Fall respektlos und Vertrauen zerstörend sein. Ausgehend vom Grundmodell »Assisi 1986« kann manchmal mehr und manchmal weniger an Gebetsgemeinschaft angebracht sein.

5.4.3 Theologische Reflexionen

In vier Thesen sollen die Überlegungen der deutschen Bischöfe systematisch-theologisch vertieft, präzisiert und kritisch hinterfragt werden:

1) Die abrahamitischen Religionen teilen den *Glauben an denselben Gott*. So heißt es im Koran:»Unser Gott und euer Gott ist einer« (Sure 29, 46 u.a.). Umgekehrt spricht das II. Vatikanische Konzil von Judentum und Islam als den Religionen,»die am Glauben Abrahams festhalten und mit uns den einen Gott anbeten« (LG 16; NAe 3–4). Die drei Religionen haben also nicht nur ein ähnliches Gottesbild, sondern gehen davon aus, dass ihre untereinander ähn-

lichen Gottesbilder denselben Gott, den Schöpfer und Erlöser des Himmels und der Erde meinen. Das ist eine starke Gemeinsamkeit.

2) Die abrahamitischen Religionen teilen die *gemeinsame Herkunft von Abraham*, dem Vater des Glaubens: Sie alle berufen sich auf diese große Persönlichkeit aller drei heiligen Schriften und verstehen sich auch genealogisch als seine Nachfahren. Untereinander sind sie also Verwandte.

3) *Spirituelle Gastfreundschaft*, die Glaubenden anderer Religionen Anteil gibt am eigenen Gebet, ist etwas sehr Kostbares und Intimes – das Teilen und Mitteilen des Kostbarsten und Intimsten, was eine Religion zu bieten hat: des Gebets. Solche Gastfreundschaft zu gewähren ist ein enormer, keinesfalls selbstverständlicher Schritt. Er ist sensibel und kann vom Gastgeber wie vom Gast leicht missbraucht oder fehlgedeutet werden. Höchste Vorsicht und großer Respekt sind geboten. Dass Benedikt XVI. bei seinem Besuch der Blauen Moschee in Istanbul diesen Respekt bewiesen hat, wurde ihm von den Muslimen hoch angerechnet.

4) Die entscheidende Frage ist also nicht, ob interreligiöses Beten wünschenswert ist, sondern wie weit man im konkreten Fall auf der Stufenleiter emporsteigen kann. Und hier gilt die Faustregel: Das *Maß der Gemeinsamkeit im Beten* muss dem Maß der Gemeinsamkeit im Dialog und im alltäglichen Zusammenleben entsprechen. Ein interreligiöses Beten im engen Sinn auf den höchsten Stufen braucht eine lange Vorbereitung und solide Fundierung. Dann aber kann es im Einzelfall auch an einer Schule und mit Muslimen möglich sein (vgl. Christian Troll 2008).

Persönlich erinnere ich mich an ein interreligiöses Gebet zwischen ChristInnen und MuslimInnen in Antakya. Seit Jahrzehnten sind dort feste und innige Beziehungen zwischen den beiden Religionsgemeinschaften gewachsen. Hier wäre es absurd, wenn man nicht abrahamitisch miteinander beten würde. Das spüren die Handelnden vor Ort auch – und so ist für sie das abrahamitische Beten eine vertraute Form spiritueller Freundschaft geworden.

Auch das bereits erwähnte Friedensgebet der Religionen in Assisi 1986 ist nicht »vom Himmel gefallen«, sondern war die Frucht eines intensiven und langjährigen Mühens um interreligiöse Verständigung. Nach dem II. Vatikanischen Konzil und inspiriert von ihm hatte der Vatikan den Kontakt zu und Dialog mit den anderen Religionen gesucht und gepflegt. Vertrauen zueinander war gewachsen, Verbindendes war entdeckt worden und eine tiefe Sympathie füreinander gewachsen. So war der prophetische Schritt Johannes Pauls II., zu einem gemeinsamen Gebetstreffen einzuladen, schlüssig und folgerichtig. Das Treffen wurde zu einem der größten Momente seines langen Pontifikats, und das ahnten die Menschen 1986 intuitiv: Überall in Europa (und vermutlich auch anderswo in der Welt) waren die Gotteshäuser überfüllt an jenem unscheinbaren Werktagabend Ende Oktober.

Wie revolutionär der Schritt Johannes Pauls II. 1986 war, kann man am Jubiläumstreffen 25 Jahre später erkennen. Benedikt XVI. ließ am 27.10.2011 keine gemeinsame Gebetszeit ins Programm aufnehmen, sondern »nur« einen schweigend gegangenen gemeinsamen Pilgerweg. Darüber hinaus wurde über Wege zum Frieden diskutiert und der feste Wille aller Religionen zum Frieden bekräftigt. Theologisch gesehen war das ein eindeutiger Rückschritt.[14]

Der Weg zur Normalität interreligiösen Betens ist also schon von christlicher Seite und erst recht von muslimischer Seite noch sehr weit – positive Ausnahmen da wie dort bestätigen die Regel. Es ist ein weiter Weg mit vielen Stufen in unterschiedlichen Geschwindigkeiten. Schritt für Schritt sollte er gegangen werden. Denn er dient dem Frieden multikultureller Gesellschaften und einer globalisierten Welt – und birgt spirituelle Schätze, die alle Glaubenden bereichern können.

---

[14] Den konservativsten Kreisen inner- und außerhalb der katholischen Kirche dürfte die Entscheidung Benedikts gefallen haben. Sind doch z.b. für die Piusbruderschaft die Erklärung »Nostra Aetate« über das Verhältnis der Kirche zu den nichtchristlichen Religionen und die Erklärung »Dignitatis Humanae« über die Religionsfreiheit das größte Hindernis zur Rückkehr in die Kirche. Und auch für die Petrusbruderschaft ist die bereits erwähnte wiederzugelassene alte Karfreitagsfürbitte für die Juden ein Kernpunkt ihres Selbstverständnisses. – Den Reserven gegenüber dem interreligiösen Beten liegen also tiefgreifende dogmatische Differenzen gegenüber dem letzten Konzil zugrunde.

6. »Herr, lehre uns beten!«

Biblische Gebetsvorlagen

Die Kirche als primäres Subjekt christlichen Betens besitzt einen reichen Schatz vorformulierter Gebete. Manche von ihnen sind aus dem christlichen Leben gar nicht wegzudenken. In der Fülle dieser Gebete haben jedoch jene eine privilegierte Stellung, die in der Bibel enthalten sind. Denn die Bibel ist die Ur-Kunde des christlichen Glaubens. Ihre Texte führen die Kirche besonders nahe an ihren Ursprung heran. Das wertet andere Gebete nicht ab – schon gar nicht inhaltlich. Denn Gebete späterer Zeiten oder von großen Heiligen können inhaltlich wie sprachlich schöner und tiefgehender sein als viele biblischen Gebete. Den biblischen Gebeten dennoch eine privilegierte Stellung zuzuschreiben bedeutet schlicht die Anerkenntnis der Notwendigkeit, dass sich eine Gemeinschaft an ihre Gründung zurückbinden muss, wenn sie ihre Identität auf Dauer sichern will. Biblische Gebete tragen zur Identität der Kirche und des christlichen Lebens als solchem »mehr« bei als nachbiblische oder außerbiblische Gebete, weil sie »*Gründungsgebete*« sind. Ihnen gilt daher besondere theologische Aufmerksamkeit.

In fast allen biblischen Büchern finden sich Gebete. Niemand kann sie überblicken. Doch gibt es eine der Bibel selbst immanente Hierarchisierung. Die wichtigsten Gebete des Alten Testaments sind die Psalmen, denn sie sind als einzige in einem eigenen Gebetbuch zusammengefasst. Und das wichtigste Gebet des Neuen Testaments ist das Vater Unser, das einzige Gebet, von dem behauptet wird, Jesus selbst habe es seine Jünger gelehrt. Diese beiden – Psalmen und Vater Unser – sollen hier untersucht werden: Auf ihren Inhalt, aber auch auf ihre Bedeutung für die Kirche und das Leben der ChristInnen.

6.1 Das Buch der Lobpreisungen. Die Psalmen

Unter die Gruppe der »Schriften« zählt die hebräische Bibel auch eine Gebetssammlung mit dem *Namen* sefer tehillim, auf Deutsch »Buch der Lobpreisungen«. Das ist eine theologisch-inhaltliche Bezeichnung dessen, was sich darin befindet: Lobgebete (wobei die Lobgebete v.a. im letzten Teil des Psalters zu finden sind). Die Septuaginta hingegen, die griechische Übersetzung des Alten Testaments, nennt das Buch ψαλμοί, zu Deutsch »Lieder« – eine auf die praktische Verwendung hinweisende formale Bezeichnung.

Das Buch der Psalmen ist eine *Zusammenstellung* mehrerer ursprünglich eigenständiger Psalmenbücher – daher kommt es zu etlichen Doppelungen (Ps 14 = Ps 53; Ps 108 = Ps 57 + 60; Ps 40,14ff = Ps 70). Dabei sind die 150 in ihm zusammengestellten Psalmen nur ein kleiner Teil aller im damaligen Israel bekannten und verwendeten Psalmen – es gab einen viel größeren Schatz, der nicht Teil der Schrift wurde, aber z.b. in den Liedern und Gebeten des Neuen Testaments zitiert und weiterverwendet wird (Erich Zenger 1991, 22).

Die *Autorschaft* des Psalmenbuchs wird König David als dem Prototyp des betenden Israel zugeschrieben – eine Fiktion, die theologische Bedeutung hat. Denn insgesamt wird das Buch in *fünf Teile* gegliedert, die jeweils durch eine gleichlautende Doxologie abgeschlossen werden: »Gepriesen sei der Herr ... von Ewigkeit zu Ewigkeit. Amen, ja amen.« Fast wörtlich steht es so am Ende der ersten vier Teile (Ps 41,14; 72,18f; 89,53; 106,48). Durch die Gliederung in fünf Teile wird das Buch der Psalmen der Tora, den fünf Büchern Mose, gegenübergestellt, wie die mittelalterliche jüdische Psalmenauslegung bemerkt: »Mose gab Israel die fünf Bücher der Tora« als Wort Gottes, »David gab Israel die fünf Bücher der Psalmen« als Antwort der Menschen (so der Midrasch Tehillim I, 2).

Wie müssen wir uns die *Verwendung* des Psalmenbuchs vorstellen? Gewiss wurde es auch in der Tempel- und Synagogenliturgie verwendet. Vor allem aber lag sein Gebrauch im Bereich des privaten Betens und Singens. Als Lebens- und Lesebuch der Frommen und Kleinen war es »zur Zeit Jesu der Grundtext der persönlichen, meditativen Frömmigkeit und der messianischen Hoffnungen« (Frank Lothar Hossfeld/Erich Zenger 1993, 8).

Das Psalmenbuch ist *Teil der jüdischen und Teil der christlichen Bibel*. Es hat damit normative Bedeutung für jüdisches wie für christliches Beten und verkörpert in beiden Religionen einen »Kanon des Betens«. Damit eignet es sich hervorragend als Gebets-Brücke zwischen Judentum und Christentum – interreligiöses Beten dieser beiden kann, ja muss sich auf diesen reichen gemeinsamen Gebetsschatz stützen. Es bildet für das Christentum aber auch eine prominente Brücke zum Juden Jesus: Das Psalmenbuch war sein Gebetbuch. Wenn

ChristInnen Psalmen beten, beten sie jene Texte, die Jesu spirituelle Muttersprache waren. Sie beten die Psalmen mit Jesus von Nazaret gemeinsam. Das gibt dem Psalmengebet auch im Christentum eine besondere Stellung. Was können uns die *Inhalte* dieser 2500 Jahre alten Gebete heute bedeuten? Was geben die Psalmen dem modernen Menschen? Zunächst einmal fällt die große Vielfalt auf, die die 150 Psalmen bieten:

– Ihr *Sitz im Leben* sind gelegentlich Feste, Wallfahrten und Tagzeiten, vor allem aber existenzielle Situationen wie Krankheit, Bedrängnis vor Feinden, Verfolgung, Schuld, Armut, Lüge, Unwetterkatastrophen, Glaubenszweifel, die Begegnung mit GottesleugnerInnen (heute würden wir sagen: AtheistInnen) u.v.m.
– Die *ausgedrückten Haltungen* sind ähnlich vielfältig: Klage und Bitte, Reue und Umkehr, Suche nach Schutz und Hilfe, Zweifel ob der Theodizeefrage, Vertrauen, Lob und Dank ...

Das Psalmenbeten lebt zur Zeit Jesu wie heute von der *Regelmäßigkeit und Wiederholung*. Es geht darum, mit und aus den Psalmen zu leben. Je öfter sie gebetet werden, desto mehr gehen sie Betenden in Fleisch und Blut über, so dass ihnen in jeder Situation der passende Vers einfällt. Das prägt umgekehrt ihre Wahrnehmung: Detailaspekte ihrer Lebenswirklichkeit, die ihnen ohne Psalmengebet verschlossen blieben, nehmen sie aufmerksam wahr, weil sie sie aus den Psalmtexten kennen. Das würde natürlich prinzipiell auch für eine regelmäßige Schriftlesung ganz allgemein gelten. Aber wer mit den Psalmen vertraut ist, hat nicht nur konstative und regulative, sondern v.a. kommunikative und expressive Sprechakte zur Hand, wenn er selber nach Worten ringt (s.o. Kap. 5.1). Gerade diese aber kann er in existenzieller Betroffenheit mehr brauchen und als Stoßgebete einsetzen. Das dürfte wohl auch der Grund dafür sein, dass die Psalmen im Neuen Testament das meistzitierte alttestamentliche Buch sind. Praktisch alle neutestamentlichen Schriftsteller wie auch ihr ZuhörerInnenkreis lebten mit und aus den Psalmen.

Durch das Leben mit und aus den Psalmen können diese zu einem »Raum der Geborgenheit« werden (Johannes Marböck 2012, 74). Werden sie gesungen, gilt das sogar noch mehr, weil Musik auch die tiefsten Schichten der menschlichen Seele berührt (s.u. Kap. 7.5). In der säkularisierten Moderne ersetzen nicht selten Lieder der Pop- oder Rockmusik die alten Psalmen. Menschen, die immer wieder dieselben Schlager hören, werden deren Texte in analogen Erfahrungen spontan einfallen und als Deuteschema zur Verfügung stehen. Gegenüber der Sprachmacht der Psalmen sind allerdings die meisten Popsongs armselig – und so sollte es eine zentrale pastorale Herausforderung sein, Menschen in den bergenden Raum der Psalmen einzuführen.[15]

Eine der schwierigsten Fragen für die Praxis lebendigen, regelmäßigen Psalmenbetens lautet dabei jedoch: Was machen wir mit *Rache- und Fluchpsalmen*, die von Aggression und Gewalttätigkeiten nur so triefen – seien es nun ganze Psalmen wie Ps 58, Ps 83 und Ps 109 oder einzelne Psalmverse? Sollen wir solche Texte aus dem Psalmen-Gebetbuch streichen? Das wäre eine Anmaßung, denn nach welchen Kriterien entscheiden wir dann, welche Sätze gestrichen werden und welche nicht? Hier wären der Willkür Tür und Tor geöffnet. Manche Ordensgemeinschaften setzen solche Sätze in Klammern: Sie bleiben im Psalterium stehen, werden von den Betenden wahrgenommen, aber nicht unbedingt im Detail gelesen und v.a. nicht laut gebetet. Das ist eine akzeptable Kompromissmöglichkeit für die Praxis.

Auf der Ebene der Theorie kommen wir damit allerdings nicht weiter. Denn die Kirche geht ja davon aus, dass der gesamte Psalter »Wort Gottes« ist. Wie aber können Sätze, die nicht nur gerechte Bestrafung fordern, sondern hasserfüllte Gewaltorgien propagieren, Gottes Wort sein? Sätze wie die folgenden:

- »O Gott, zerbrich ihnen [den Frevlern] die Zähne im Mund! Zerschlage, Herr, das Gebiss der Löwen!« (Ps 58,7; vgl. Ps 3,8)
- »Der Gerechte badet seine Füße im Blut des Frevlers« (Ps 58,11; vgl. Ps 68,24)
- »Seine [des Frevlers] Kinder sollen zu Waisen werden und seine Frau zur Witwe. Unstet sollen seine Kinder umherziehen und betteln, aus den Trümmern ihres Hauses vertrieben« (Ps 109,9f)
- »Wohl dem, der deine Kinder packt und sie am Felsen zerschmettert!« (Ps 137,9)

Eine vollständig befriedigende Antwort wird es sicher nicht geben. Die Bibel bleibt sperrig und ist kein rosarotes Kinderbuch. Doch ist es auf jeden Fall wichtig, den Kontext zu sehen (vgl. zum Folgenden Erich Zenger 1991, 16ff). Jene Betenden, die Aggression und Hass

---

[15] Praktische Anregungen dazu bei Johannes Marböck 2012, 79.

84

versprühen, sind in tiefer Not und Bedrängnis. Sie sprechen über Menschen, von denen sie womöglich jahrelang gepeinigt wurden. Wer solche Psalmverse liest, kann und sollte also zunächst einmal ihre Not nachempfinden und spüren. Er sollte aber auch ihr festes Vertrauen oder manchmal auch nur ihre letzte, verzweifelte Hoffnung darauf wahrnehmen, dass der Gott Israels auf der Seite der Notleidenden und ungerecht Behandelten steht. Außerdem kann er aufmerksam wahrnehmen, dass die Rache immer Gott überlassen wird – er allein bekommt das Gewaltmonopol zugesprochen, wie wir in modernen Begriffen sagen würden.[16] Das ist auf jeden Fall weit besser als jede Form der Selbstjustiz der Clans, die im alten Orient akzeptiert und üblich war und erst allmählich durch institutionalisierte Gerichte abgelöst wurde. Denn Gott ist nach biblischer Vorstellung wirklich gerecht und unparteiisch und wird keine willkürliche Gewalt anwenden. Er ist zudem barmherzig und findet womöglich andere Wege als die harte Bestrafung des Ungerechten. Hier liegt das Wort Gottes solcher Psalmverse – verborgen im Menschenwort des Psalmbeters.

Dieses sicherlich extreme Beispiel zeigt die pastorale Notwendigkeit einer *Hinführung und Auslegung der Psalmen*, wo diese flächendeckend, d.h. ohne Vorauswahl, von Laien gebetet werden sollen. Trotz aller Lebensnähe und Faszination sind nicht alle Psalmen ohne weiteres aus sich selbst heraus verstehbar. – Wie aber kann der Schatz der Psalmen dem modernen Menschen nähergebracht werden? Zweifelsohne ist das auch eine Frage der Verwendung kraftvoller, markanter Übersetzungen. Der hebräische Text gehört zur Weltliteratur. Seine Übersetzungen bzw. Übertragungen nicht immer. Manche allerdings, im Deutschen z.B. die von Martin Buber (1926–38, überarbeitet 1958, Buch der Preisungen) und Arnold Stadler (1999, Die Menschen lügen. Alle. Und andere Psalmen), können den Geschmack an diesen uralten Gebeten neu beleben. Am Beispiel des Ps 127 in der Übersetzung von Arnold Stadler sei dies abschließend gezeigt:

»Wenn nicht der Herr das Haus baut, ist alles umsonst gebaut.
Wenn nicht der Herr die Stadt bewacht, ist alles umsonst bewacht.
Umsonst, dass ihr aufsteht in aller Herrgottsfrühe
und Feierabend macht kurz vor dem Einschlafen,

---

[16] Würden die Psalmen heute geschrieben, würden sie vielleicht darum beten, dass der Frevler vor einem ordentlichen Gericht seine gerechte Strafe findet!

und noch schnell ein hartes Brot hinabschlingt,
denn: *den Seinen gibt's der Herr im Schlaf.*«

6.2 Die Matrix christlichen Betens. Das Vater Unser

Gemäß der Darstellung der Evangelien ist Jesus von Nazaret ein regelmäßig und selbstverständlich *betender Mensch.* Er nimmt am gemeinsamen Gebet in Synagoge und Tempel teil und betet auch privat
die Psalmen. Er zieht sich zum Beten oft in die Einsamkeit zurück,
wo er lange Zeiten des persönlichen Gebets in der Stille verbringt.
Schließlich betet er in der letzten Stunde in Freiheit am Ölberg und in
den letzten Momenten seines Lebens auf Golgota. Vom Anfang bis
zum Ende seines Lebens und Wirkens gehört das Gebet als wichtiger
Ausdruck seiner Frömmigkeit dazu.
Als wandernder Rabbi ist Jesus zugleich ein *Lehrer des Gebets.* Seinen
SchülerInnen bringt er nicht nur eine bestimmte intellektuelle Vorstellung von Gott und seinem Wirken nahe, sondern auch eine Praxis, wie
sie mit Gott in Verbindung treten und daraus Kraft und Orientierung
schöpfen können. Dies tut er durchaus in jüdischer Tradition, aber mit
sehr eigenen Formeln, die den Kern seiner Verkündigung einfangen
(»Reich Gottes«, »Wille Gottes«, »Vergebung« ...) – insbesondere im
Vater Unser. So kann Heinz Schürmann (1981⁴, 13) feststellen, die Verkündigung Jesu sei der Schlüssel für das Vater Unser und umgekehrt
das Vater Unser der Schlüssel zur Verkündigung Jesu. Wiederum trifft
die vielzitierte Formel zu: »lex credendi est lex orandi«.

6.2.1 Die Überlieferungsformen des Vater Unser

Bevor wir das Vater Unser analysieren und interpretieren, gilt es, die
verschiedenen Überlieferungsformen des Textes wahrzunehmen. Im
Neuen Testament wird uns der Text in zwei der vier Evangelien geboten, nämlich in Lk 11,2b–4 par Mt 6,9b–13. Der Text stammt of-
fenkundig aus der später verlorengegangenen, durch die moderne
Exegese aber rekonstruierten Logienquelle Q, die Worte und Reden
Jesu gesammelt hat und den beiden Evangelisten Lukas und Mattäus
bei der Abfassung ihrer Evangelien zur Verfügung steht. Außerbib-
lisch findet sich der Text des Vater Unser noch in der Didache (Did
8,2). Dort gleicht er fast vollständig der mattäischen Fassung. Das

Markusevangelium referiert den Text nicht, doch dürfte Markus ihn gekannt haben, denn in seiner Ölbergüberlieferung finden sich starke Reflexe auf den Vater-Unser-Text (»Abba, Vater« – »dein Wille« – »Versuchung«). Einzig für den vierten Evangelisten und seine Gemeinde bleibt es unsicher, ob sie das Gebet Jesu gekannt haben. Im gesamten Johannesevangelium finden sich dazu keine Hinweise.

Schaubild: Die vier überlieferten Texte bzw. Texthinweise zum Vater Unser

Lk 11,2b–4	Mt 6,9b–13	Did 8,2	Mk 14,32–42
[2] Vater,	[9] Unser Vater in den Himmeln,	Vater unser in dem Himmel,	[36] Abba, Vater
dein Name werde geheiligt.	dein Name werde geheiligt,	dein Name werde geheiligt,	
Dein Reich komme.	[10] dein Reich komme,	dein Reich komme,	
	dein Wille geschehe wie im Himmel, so auf der Erde.	dein Wille geschehe wie im Himmel, so auf der Erde.	nicht, was ich will, sondern was du willst (soll geschehen).
[3] Gib uns täglich das Brot, das wir brauchen.	[11] Gib uns heute das Brot, das wir morgen brauchen.	Gib uns heute das Brot, das wir morgen brauchen.	
[4] Und erlass uns unsere Sünden; denn auch wir erlassen jedem, was er uns schuldig ist.	[12] Und erlass uns unsere Schulden, wie auch wir sie unseren Schuldnern erlassen haben.	Und erlass uns unsere Schuld, wie auch wir sie unseren Schuldnern erlassen.	
Und führe uns nicht in Versuchung.	[13] Und führe uns nicht in Versuchung, sondern rette uns vor dem Bösen.	Und führe uns nicht in Versuchung, sondern rette uns vor dem Bösen.	[38] betet, damit ihr nicht in Versuchung geratet.
		Denn dein ist die Kraft und die Herrlichkeit in Ewigkeit.	

Wenn wir die Texte miteinander vergleichen, fallen v.a. folgende Aspekte auf: Die *Langfassung* bei Mattäus und in der Didache hat weit mehr Symmetrie, sie offenbart eine rhythmisch und liturgisch geprägte Sprache (Ulrich Luz 2002[5], 435) und weist eine abgerundete Struktur auf: Drei Du-Bitten, jeweils eingliedrig (»wie im Himmel …« ist spätere Zufügung) und mit griechisch σου (»du«) als Endreim, und dann drei Wir-Bitten, jeweils doppelgliedrig und mit insgesamt siebenmaligem »wir« bzw. »unser«, ergeben zusammen eine perfekt gestaltete literarische Figur. Das Gebet wurde in der Mattäus-Gemeinde und in der Gemeinde der Didache eindeutig liturgisch verwendet.

Was aber war die *ursprüngliche Form* des Vater Unser? Was die Zahl der Bitten (fünf) und die Anrede angeht, dürfte sich Lukas enger an das Original gehalten haben. Was den Wortlaut angeht, halten die ExegetInnen Mattäus für ursprünglicher (Ulrich Luz 2002[5], 436). In jedem Fall war die Ursprache des Vater Unser Aramäisch: Die Verwendung der Volkssprache statt der Liturgiesprache Hebräisch ist typisch für Jesus. Kein Zweifel, das Vater Unser ist jesuanisches Urgestein.

6.2.2 Struktur und Inhalt des Vater Unser

In der folgenden Analyse von Struktur und Inhalt des Vater Unser folge ich textlich weitgehend der mattäischen Fassung und exegetisch den Auslegungen von Ulrich Luz (2002[5], 432–458):

Die Anrede

– *Unser Vater*: Die Anrede Gottes als »unser Vater« ist die »Seele« des Gebets, wie die Gottesanrede überhaupt immer die Seele eines Gebets ausmacht (s.o. Kap. 2.1): Dabei ist das an dieser Stelle von Jesus verwendete aramäische »Abba« (Mk 14,36; Gal 4,6; Röm 8,15) noch viel pointierter als seine griechische Übersetzung (s.o. Kap. 3.3.1): »Abba« ist kein Eigenname Gottes wie JHWH und auch kein Attribut wie »der Heilige« oder »der Höchste«, sondern bezeichnet den innersten Wesensausdruck Gottes. In der jüdischen Tradition zur Zeit Jesu ist die Verwendung von »Abba« – »Papi« als Gottesanrede ohne Parallele; dort wird Gott zwar »abinu« genannt, »unser Vater«. Doch »Abba« ist familiärer, intimer und wird daher als einer von wenigen Begriffen auch im griechischen Neuen Testament original aramäisch überliefert. Mit der Anrede Gottes als »Abba« setzt Jesus eine Vertrautheit voraus, die nicht mehr zu überbieten ist.

– *Im Himmel*: Dieser Zusatz ist eine mattäische Ergänzung, um die Unterscheidung zwischen Gott und dem irdischen, leiblichen Vater des Betenden zu verdeutlichen.

Die Du-Bitten

(zuerst schaut der Beter von sich weg auf Gott – erst danach auf seine eigenen Belange):

– *Dein Name werde geheiligt:* Gemeint ist mit dieser Bitte, dass die Menschen Gottes Namen heiligen, d.h. Gott den nötigen Respekt schenken und ihn in ihrem Leben den Herrn sein lassen sollen.

– *Dein Reich komme:* Nach Jesu Lehre ist das »Reich«, d.h. die Herrschaft Gottes, bereits angebrochen – in Fülle steht sie aber noch aus, und um diese beten die GefährtInnen Jesu.

– *Dein Wille geschehe, wie im Himmel, so auf Erden*: Die zweite Hälfte dieser Bitte ist – wie schon gesehen – Ergänzung des Mattäus. »Dein Wille geschehe« aber muss auf der Folie der Ölbergsüberlieferung gelesen werden. Dort steht es im Gegensatz zum Geschehen des eigenen Willens (»nicht mein Wille geschehe«). Es ist klar, dass sich diese Bitte v.a. dort bewähren muss, wo der Mensch andere Vorstellungen vom Leben hat als Gott – besonders was das Leiden angeht. Diese Bitte ehrlich zu beten ist folglich eine große Herausforderung.

Die Wir-Bitten:

– *Unser tägliches Brot gib uns heute*: Wörtlich wird in der Mattäus-Fassung darum gebetet, dass Gott heute das Brot für morgen gibt: Für das Heute soll der Mensch durch seine Arbeit selbst sorgen, das Morgen aber soll er Gott überlassen (vgl. Mt 6,33f). Das »Brot« steht dabei »pars pro toto« für die gesamte Nahrung, nicht aber für andere Bedürfnisse. »Es geht um das Überlebenkönnen, nicht um Reichtümer« (Ulrich Luz 2002⁵, 452). Die Brotbitte ist die Bitte des Tagelöhners, der mit dem heutigen Lohn seine Familie im günstigen Fall heute ernähren kann, um das Notwendigste zum morgigen Überleben.

– Und vergib uns unsere Schuld, wie auch wir vergeben haben unseren Schuldnern: Im Begriff der »Schulden« (ὀφειλήματα) verwendet Jesus die Geldschuld als Bild für die moralische Schuld. Schuld ist für Jesus etwas, das wir Gott und dem Mitmenschen »schulden«, d.h., das wir nicht geleistet haben, obwohl wir dazu verpflichtet gewesen wären. Lukas setzt stattdessen den religiös aufgeladenen Begriff »Sünde« und weicht damit von Jesu Wortlaut ab. – Wem selbst immer wieder Schuld vergeben wird, der muss selbstverständlich auch denen vergeben, die ihm etwas schuldig geblieben sind (vgl. Mt 18,23–35). Beten ist ein Sprechakt, eine Handlung. Christlich Betende vergeben ihren SchuldnerInnen – wie schwer es auch fallen mag.

– Und führe uns nicht in Versuchung, sondern erlöse uns von dem Bösen: Der zweite Halbsatz stammt wiederum von Mattäus. Was aber ist mit dem ersten Halbsatz gemeint? Grundsätzlich sind Versuchungen ja nötig, damit der Mensch seine moralische Standfestigkeit erproben und vertiefen kann. Die Bibel erzählt daher, dass es Gott selbst ist, der den Menschen in Versuchung führt und auf die Probe stellt. Gemeint ist also – wie im Ölberggebet Jesu – die Bitte um Bewahrung vor einer übermäßigen Versuchung, einer, die den Betenden überfordern würde.

Doxologie:

Denn dein ist die Kraft und die Herrlichkeit in Ewigkeit: Dieser Schlusssatz ist nur in der Didache überliefert. Da solche abschließenden Lobpreisungen für jüdische Gebete typisch sind, dürfte es sich um eine spätere Ergänzung handeln, um das Vater Unser an die vertrauten Formen anzugleichen.

Die Bitten des Vater Unser stehen in einer grundlegenden *Spannung zwischen einer apokalyptischen und einer gegenwartsorientierten Lesart* (Gerd Theißen/Annette Merz 1996, 239–241): Einerseits sollen die Du-Bitten von den BeterInnen in ihrem eigenen alltäglichen Tun selbst verwirklicht werden – andererseits erfüllen sie sich erst ganz durch Gottes mächtiges Eingreifen am Ende der Zeiten. Einerseits beziehen sich die Wir-Bitten auf konkrete Nöte hier und jetzt – andererseits steht ihre umfassende Erfüllung erst im Himmel an. Der mattäische Zusatz »wie im Himmel so auf Erden« ist daher die grundlegende Logik des Gebets.

6.2.3 Die Bedeutung des Vater Unser für die Kirche

Auffallend ist, dass im Vater Unser jeglicher Dank fehlt. Es kann also für die JüngerInnen nur *ein* Gebet von vielen gewesen sein – nicht das einzige. Denn grundsätzlich bestehen keine Zweifel, dass der Dank Jesus und den Seinen noch wichtiger war als die Bitte – allein die später etablierte Bezeichnung der »Eucharistie« als »Danksagung« macht das deutlich. Zudem haben Jesus und die Seinen als gute JüdInnen die Psalmen gebetet – und damit tagtäglich einen reichen Gebetsschatz verwendet. Dennoch hat das Vater Unser als Jesu eigene »Kreation« besonderes Gewicht.

Mattäus hat das Herrengebet exakt in die Mitte der Bergpredigt gestellt. Auf die griechische Textzeile genau bildet das Gebet Jesu den Mittelpunkt dieser programmatischen Rede, und auch inhaltlich gliedern sich die Themen der Bergpredigt ringförmig um das Vater Unser. Mattäus möchte seinen LeserInnen damit deutlich machen, dass das Gebet die Quelle allen christlichen Handelns sein soll (um das es im Rest der Bergpredigt geht). Und für dieses Gebet ist das Vater Unser ein Vorbild.

Spätere Theologen haben das Vater Unser sogar noch höher bewertet: Sie nennen es eine »Kurzfassung des ganzen Evangeliums« in Bezug auf Glauben und Sitten (Tertullian, De oratione 1) und ein »Kompendium der himmlischen Lehre in wunderbarer Kürze« (Cyprian von Karthago, De Dominica Oratione 28; vgl. auch 9). Die feierliche Übergabe (»traditio«) eines geschriebenen Vater-Unser-Textes an die TaufbewerberInnen an einem der Sonntage der Fastenzeit (Constitutio Apostolica 7, 45) unterstreicht diese Hochschätzung auch liturgisch. Das Vater Unser gewinnt seinen festen und zentralen Platz in der Katechese und wird zur Norm christlichen Betens und Glaubens (!).

Aber ist es das wirklich? Stutzig machen müsste uns die Tatsache, dass das Vater Unser keinen einzigen Satz enthält, der das Christentum vom Judentum trennt. In ihm fehlen Christologie und Trinitätslehre, Ekklesiologie und Sakramentenlehre. Es ist ein jesuanisches Gebet und die Summe seiner vorösterlichen Verkündigung als jüdischer Reformrabbiner. Exegetisch darf als unbestritten gelten, dass es sich hier um die »ipsissima vox Jesu« handelt. Die Bedeutung des Vater Unser liegt also darin, dass es uns an diesen Menschen und Juden Jesus von Nazaret und seine Gotteserfahrung sehr nahe heranführt (s.o. Kap. 3.3.1). Das ist ungemein viel wert. Denn gerade deswegen kann uns das Vater Unser vor einer zu starken Konzentration auf die nachösterliche Dogmatik bewahren und uns »auf den Boden des irdischen Jesus« holen. Wir sollten es dann aber auch in diesem Sinne verstehen und in das Ganze des christlichen Glaubens einordnen. Das wird dem Gebet Jesu nichts von seiner Bedeutung nehmen.

6.3 Gründungsgebete des Christentums

In Unternehmen ist es üblich geworden, neuen MitarbeiterInnen oder GeschäftspartnerInnen zum Einstieg eine schriftliche Fassung des Unternehmensleitbilds in die Hand zu drücken. Darin drückt sich die Überzeugung aus, dass solche Grundtexte die Identität des Unternehmens besser verdeutlichen als konkrete Produkte. Wenn das Beten einer der originärsten Akte der Religion ist, müssen bestimmte Grundgebete zu jenen Texten gehören, die Neumitgliedern als Ur-Kunde überreicht werden. Insofern hatte der alte Brauch der traditio des Vater-Unser-Textes eine tiefe Berechtigung und sollte in der einen oder anderen Weise wiederbelebt werden. Aber nicht nur das Vater Unser, sondern ebenso die Psalmen würden einer feierlichen Übergabe würdig sein. Denn erst gemeinsam bilden sie den Gebetsschatz Jesu wenigstens großenteils ab – und bieten zugleich eine Fülle an Anregungen für das persönliche Beten der Glaubenden.

7. Mit Leib und Seele

Ausdrucksformen des Betens

»Meine Seele dürstet nach dir« (Ps 42,3; 63,2; 143,6) – »nach dir schmachtet mein Leib« (Ps 63,2) – »mein Herz und mein Leib jauchzen dir zu« (Ps 84,3) – »ich will dir singen und spielen« (Ps 108,2 und ähnlich an 18 weiteren Stellen der Bibel). Das sind nur einige Sätze, die die ganzheitliche Wahrnehmung biblischen Betens thematisieren. Beten ist ein Geschehen des ganzen Menschen, mit Haut und Haaren, mit Leib und Seele und mit allen Sinnen. Es möchte etwas »ausdrücken«, das Innere des Betenden nach außen kehren und vor das Du Gottes bringen. Die Äußerungen des Gebets sind daher Ausdruck der betenden Person: Im Sich-Ausdrücken geschieht ein Zu-sich-selbst-Kommen, weil Beten nicht Ausdruck von irgendetwas ist, sondern *Selbstausdruck*, Ausdruck des eigenen innersten Geheimnisses, das in seinem Ausdruck erahnt und angerührt, wenn auch nicht vollständig erfasst werden kann.

Solches Sich-Ausdrücken geschieht für den Menschen nie ausschließlich über das Wort. So wichtig die *Sprache* als privilegiertes und höchst differenziertes Ausdrucksmedium ist, hat sie doch kein Monopol. Vielfach drücken sich Menschen ohne Worte aus – und verstehen einander wortlos. Ja, der wortlose Selbstausdruck hat sogar die zeitliche Priorität und den rangmäßigen Primat gegenüber der Sprache. Das Baby kann noch nicht sprechen und drückt sich doch schon aus – durch sein Schreien, sein Lächeln, seine Blicke ... Sterbende, die nicht mehr sprechen können, kommunizieren dennoch intensiv mit ihrer Umgebung, sofern sie noch bei Bewusstsein sind. Und Liebende werden in den intimsten Momenten nicht in Worten, sondern in Gesten zeigen, was sie erfüllt.

Der *Leib als Ganzes* ist das einzige und unverzichtbare Ausdrucksmedium der Person, das Realsymbol der unvertretbaren und geheimnishaften Subjekthaftigkeit. Darin liegt seine unersetzliche Bedeutung. Ohne Leib kein Ausdruck des eigenen Selbst und keine Kommunikation. Ohne Leib keine Gemeinschaft und keine Begegnung. Ohne Leib kein Sich-Finden und kein Sich-Verschenken.

Natürlich kann der leibliche (auch der sprachliche!) Ausdruck des Innersten immer nur symbolisch sein: Er ist Zeichen für etwas, was nicht direkt sagbar, messbar oder beweisbar ist. Es braucht daher ein Gespür für *Symbole*, wenn der Mensch sich adäquat ausdrücken und den Selbstausdruck anderer wahrnehmen und verstehen will. Und es braucht eine Kultur der Symbole, ein stetiges Einüben und Pflegen ihrer Ausdrucksformen. Eine Gesellschaft, die symbolisch verarmt, verflacht in ihren Beziehungen und bleibt hinter ihren Möglichkeiten zurück.

Was hier zunächst für jede Form der Kommunikation gesagt wurde, gilt ebenso für das *Beten*. Zwar könnte Gott in seiner Gottheit dem Menschen auch anders als in leibhaftiger Kommunikation begegnen. Aber der Mensch könnte ihn dann nicht wahrnehmen. Gott muss also – so ein uralter theologischer Gedanke – dem Menschen auf eine Weise begegnen, die der Mensch aufnehmen kann: »Ad modum recipientis«, wie die scholastische Theologie sagt, »auf die Weise des Empfangenden«, d.h. des Menschen (vgl. Thomas von Aquin, s.th. I q 74 art 5; III q 5). Daher kann Gott sich dem Menschen und der Mensch sich Gott (!) nur leibhaftig mitteilen, weil das für den Menschen die einzig mögliche Wahrnehmungs- wie auch Ausdrucksweise ist. Eine rein intellektuelle »Begegnung mit dem Geheimnis« kann es – im Widerspruch zur platonischen Linie christlicher Mystik – nicht geben (vgl. Kapitel 1.2 und 4.6).

Aus diesem Grund gehört zur Theologie des Gebets die Reflexion seiner Ausdrucksformen unerlässlich hinzu. Diese soll nun geschehen. Und nachdem die Sprache des Gebets als besondere Ausdrucksform bereits vorangehend erörtert wurde, bleiben v.a. *drei Komplexe solcher Ausdrucksformen*: Haltungen des ganzen Körpers (einschließlich des Spezialfalls des religiösen Tanzens) – Gebärden der Hände – Anwendungen der Sinne (einschließlich des Spezialfalls des religiösen Singens). Natürlich stehen diese drei Komplexe nie unverbunden nebeneinander, sondern greifen notwendig ineinander: Bestimmte Körperhaltungen sind mit bestimmten Gebärden der Hände verbunden und für bestimmte Sinnesanwendungen besonders geeignet. Diese Einheit der drei Komplexe muss daher aufmerksam im Auge behalten werden, wenn wir nach einer Kultur der Ausdrucksformen des Gebets fragen.

7.1 Körperhaltungen beim Gebet

Mit »Körperhaltungen« sind nicht nur bewegungslose Haltungen, sondern auch Bewegungen gemeint. Das ist keine Selbstverständlichkeit. In der gängigen Volksfrömmigkeit wird das christliche Beten häufig als ein Stillstehen, Stillsitzen oder Stillknien verstanden. Doch in Wirklichkeit sind die Bewegungen oft wichtiger als die unbewegten Haltungen. Beide sollen also angesprochen und reflektiert werden.

Die Grundhaltung christlichen Betens schlechthin ist vom Beginn des Christentums an das *Stehen*. Wer beim Gebet steht, weiß sich in einer Begegnung »von gleich zu gleich«, »von du zu du«, »auf Augenhöhe« mit Gott. Das ist theologisch möglich nicht aus menschlichem Verdienst – der Mensch ist nicht wie Gott! –, sondern aus göttlicher Güte: Gott begibt sich auf die Ebene des Menschen, damit dieser ihm furchtlos und ohne Unterwürfigkeit begegnen kann. Zugleich ist das Stehen ein Ausdruck des Respekts. Wenn in weltlichen Zusammenhängen eine wichtige Persönlichkeit den Raum betritt, stehen die Anwesenden auf. Beten im Stehen ist eine respektvolle Begegnung der von Gott Respektierten mit Gott.

Der erlöste Mensch kann vor Gott aufrecht stehen, weil ihm das Geschenk der Auferstehung versprochen ist. Das Beten im Stehen symbolisiert so das Auferstandensein und Erlöstsein des österlichen Menschen (Tertullian, De oratione 23). Am Tag der Auferstehung, dem Sonntag, und während der gesamten Osterzeit soll daher im Gottesdienst nicht gekniet werden, wie das Konzil von Nizäa schon im Jahr 325 festlegt (can. 20). Bis heute erinnern einige Texte der Messe daran, dass das Stehen während des Eucharistischen Hochgebets die normale Haltung ist. So heißt es im Einleitungsdialog zum Hochgebet: »Erhebet die Herzen!« Im II. Hochgebet (dem ältesten erhaltenen eucharistischen Hochgebet) wird gebetet: »Wir danken dir, dass du uns berufen hast, vor dir zu *stehen* und dir zu dienen.« Und zur Eröffnung der ostkirchlichen Chrysostomusliturgie fordert der Diakon auf: »Lasst uns schön stehen, lasst uns mit Ehrfurcht stehen« – Chrysostomus selbst bezeichnet das Stehen als die würdigste aller Haltungen (Johannes Chrysostomus, Homilie 18, 1 über den Hebräerbrief). Eigentlich ist es *die* Grundhaltung christlichen Betens. Denn in der Einleitung zum Vater Unser heißt es Mt 6,5: »Wenn du betest, stell dich ...«

Auch wenn das Stehen die wichtigste und vornehmste Gebetshaltung des Christentums ist, würde es eine Verarmung des Reichtums leiblicher Ausdrucksformen bedeuten, machte man es zur einzigen Gebetshaltung. Beten, insbesondere persönlich und länger beten, kann man auch gut im aufrechten, entspannten *Sitzen*. Diese Haltung drückt ein Sich-Sammeln, ein In-sich-Ruhen und Hören aus. Sitzendes Beten ist kein Zugeständnis an die Bequemlichkeit und Trägheit des Menschen, sondern will eine innere Haltung gesammelter Aufmerksamkeit ermöglichen. Mehr als das Christentum kennen die fernöstlichen Religionen das sitzende Beten als optimale Haltung für die Meditation. Inspiriert von ihnen schaffen sich auch christliche Schulen und Exerzitienhäuser und manchmal auch Einzelpersonen Gebetshocker für ihre Meditationsräume an.

Zwei weitere Ausdrucksformen des Betens sind das *Verneigen des Kopfes* (oder des Oberkörpers) und das *Beugen der Knie*. Beide drücken Ähnliches aus. Es geht darum, sich vor dem Größeren zu beugen, ihm die Ehrfurcht zu erweisen. Anders als beim Stehen und Sitzen wird hier die Ungleichheit von Gott und Mensch betont, nicht die Ähnlichkeit. Kultur- und liturgiegeschichtlich ist dabei die Verneigung älter und weiter verbreitet als die Kniebeuge, die freilich im katholischen Kontext seit dem Mittelalter große Bedeutung hat.

Auch das länger andauernde *Knien* betont stärker die unvergleichliche Größe Gottes, vor der sich der kniend betende Mensch klein weiß und daher klein macht. In der eucharistischen Anbetung gehört dieser Gebetsausdruck zum Standardrepertoire. Aber das länger dauernde Knien kann auch Ausdruck einer besonders inständigen Haltung des Bittens sein. Die körperliche Anstrengung des Kniens ist größer und drückt daher aus, dass der Betende besonders intensiv bittet. Genau das betont Lukas, wenn er als einziger Evangelist Jesus am Ölberg kniend beten lässt (Lk 22,41).

Noch dramatischer und eindrücklicher als das Knien ist es freilich, *sich auf den Boden zu werfen*. Diese sogenannte *Prostratio* ist gleichsam die Intensivform des Kniens und Verneigens. Nach Mk 14,35 und Mt 26,39 wirft sich Jesus am Ölberg auf den Boden nieder. Mehr als im Knien oder Verneigen drückt sich in der Prostratio das Wissen um die eigene Niedrigkeit und die eigene Sterblichkeit aus. Das Liegen auf dem Boden ist ein Todessymbol: Der Mensch kehrt zurück zum Staub der Erde. Deswegen vollzieht der Priester diesen Gestus am Beginn der Karfreitagsliturgie: Im Angesicht des Todes Jesu drückt er die eigene Hinfälligkeit und Erbärmlichkeit aus. So ist die Prostratio ein Gestus der Demut: Der lateinische Begriff humilitas wird abgeleitet von humus, Erde: Der Demütige weiß, dass er von der Erde genommen ist und zu ihr zurückkehren wird (Gen 3,19). Er ist nüchtern und erdverbunden genug, um sich nicht überheblich als Supermensch einzuschätzen. Aber gerade in dieser Nüchternheit kann er den wahren Wert jeden Augenblicks klarer erkennen: Wer um seine Sterblichkeit weiß, ist für jeden neuen Tag, jede Stunde, jede Begegnung dankbar. – Außer am Karfreitag wird die Prostratio in der katholischen Liturgie nur noch bei Weihen und Ordensgelübden vollzogen. Der durchschnittliche Getaufte praktiziert sie ein Leben lang nicht. Es könnte aber durchaus eine Anregung sein, einmal »im stillen Kämmerlein« auf dem Boden liegend zu beten – wie es im Mittelalter üblich und selbstverständlich war.

Eine besonders wertvolle, aber derzeit wenig genutzte Gebetshaltung ist das *Schreiten* – das bedächtige, rhythmische Gehen. Bei Prozessionen und Wallfahrten wird es nicht bewusst als rhythmisches Geschehen gepflegt, in der Messe ist es den liturgischen AkteuerInnen vorbehalten und außerhalb der Liturgie praktizieren es bestenfalls monastische Gemeinschaften im Kreuzgang ihres Klosters. Dabei könnte diese Haltung den betenden Menschen gerade auf Grund ihrer Rhythmizität in einen Zustand der Trance und Versenkung versetzen, der das innere Beten befördert. Schreiten bedeutet einen Aufbruch aus den Gefangenschaften des eigenen Lebens, es macht innerlich und äußerlich frei von Verkrampfungen und Verengungen. Es ist ein Aufbrechen in die Zukunft, ein Gehen mit Gott und zu ihm hin. Wie ließe sich eine neue Kultur der Gebetshaltungen gewinnen? Dazu bräuchte es v.a. ein *gezieltes und bewusstes Einüben* der genannten Haltungen: Mit geschlossenen Augen und viel Zeit, um die Haltung in einer Weise einzunehmen, die man unverkrampft längere Zeit durchhalten kann. Und um den eigenen Körper wahrzunehmen und zu spüren, was diese Haltung aussagt.

7.2 »Lobt ihn mit Pauken und Tanz« (Ps 150,4).
Das religiöse Tanzen als Gebet

Im afrikanischen Christentum und bei den Sufis, den »tanzenden Derwischen« im Islam, ist der religiöse Tanz bis heute ein zentrales

Element der Liturgie. Im europäischen Christentum hingegen führt er trotz zaghafter Versuche seit der Liturgiereform des II. Vatikanischen Konzils bis heute eine Randexistenz. Und das, obwohl er auf eine reiche Tradition zurückgreifen könnte.

»Lobt ihn mit Pauken und Tanz« (Ps 150,4). Diese Aufforderung im letzten der 150 Psalmen zeigt deutlich, dass das alttestamentliche *Israel* ein sehr tanzfreudiges Volk war. Elf hebräische Wurzeln bezeichnen das Tanzen (A. Ronald Sequeira 1977, 76), und jede bezeichnet eine bestimmte Tanzbewegung. Allein in 2 Sam 6,5 werden für den Tanz Davids vor der Bundeslade vier verschiedene Verben verwendet. König David ist dann auch der Prototyp des sakralen Tänzers. Sein Tanz ist öffentlicher liturgischer Ausdruck seiner Freude und Dankbarkeit über die Rückkehr der Bundeslade, des heiligen Zeichens der Gegenwart Gottes, nach Israel. Doch schon damals muss es Kritiker an diesem stark emotionalen Glaubensausdruck gegeben haben. Stellvertretend für sie spottet die Prinzessin Michal und wirft ihrem Mann öffentlich vor, er habe sich vor seinen Untertanen »bloßgestellt« (2 Sam 6,20). David hingegen antwortet ihr, er habe sich nicht vor seinen Untertanen erniedrigt, sondern vor Gott – und die Untertanen hätten das sehr wohl verstanden. Michal wird daraufhin von Gott mit der aus alttestamentlicher Sicht höchstmöglichen Strafe belegt: Sie bleibt ein Leben lang unfruchtbar und kinderlos. Eine deutliche Warnung an alle GegnerInnen des religiösen Tanzes.

Die drei großen Haupt- und Wallfahrtsfeste Pesach, Wochenfest und Laubhüttenfest heißen hebräisch chag (Ex 23,15; 34,18; Dtn 16,16 u.a.), abgeleitet von chagag, übersetzt tanzen, taumeln. Offenbar war das (sakrale oder weltliche?) Tanzen ein charakteristisches Merkmal dieser Feste. Besonders Frauen tanzen im Alten Testament gerne zum Zeichen ihrer Freude und Dankbarkeit gegenüber Gott: Miriam (Ex 15,20f); die Tochter des Richters Jiftach (Ri 11,34); Israels Frauen (1 Sam 18,5ff); Judith und viele Frauen (Jdt 15,12f). Grundsätzlich hat der religiöse Tanz damit eine sehr positive Wertung. Dennoch weiß man auch um Gefährdungen: Immer dann, wenn der Tanz mit einem zu innerweltlichen Gottesbild verknüpft ist, wenn er das Geheimnis Gottes zerstören und Gott verfügbar machen möchte, äußert die Bibel furchtbare Kritik: Der Tanz um das »Goldene Kalb« (Ex 32,19), in Wirklichkeit um den Goldenen Stier, macht aus Gott ein Sexsymbol. Und der Tanz der Baalspriester auf dem Karmel (1 Kön 18,26ff) will Gott dazu zwingen, Regen auf das trockene Land zu schicken.

Hier wird der Tanz, eigentlich Ausdruck spielerischer Freude und zwangloser Dankbarkeit, in sein Gegenteil verkehrt und instrumentalisiert. Gottes aber kann sich der Mensch nicht bemächtigen. In der Allegorese der *frühen Kirche* ist der Tanz ein beliebtes Motiv der Schriftauslegung: Bei Ambrosius, Augustinus und Gregor von Nazianz wird der Tanz des David gelobt und als Vorbild des himmlischen Tanzes gesehen (Hugo Rahner 1952, 68f). Trotz dieser positiven Wertung wird aber die reale Praxis des irdischen Tanzes eindeutig abgelehnt. Und das mit vernichtenden Worten. So schreibt Johannes Chrysostomus:»Wo Tanz ist, da ist der Teufel!« (Johannes Chrysostomos, Homilien zum Mattäusevangelium 48; 49,3). Biblischer Bezugspunkt ist Mt 14,3–12, wo König Herodes seiner (in der Bibel namenlosen, von Chrysostomus und der gesamten Tradition»Salome« genannten) Stieftochter nach einem wundervollen Tanz verspricht, ihr jeden nur denkbaren Wunsch zu erfüllen, was diese auf Anstiftung ihrer Mutter dazu nützt, den Kopf des Täufers Johannes zu verlangen. Auch hier wird also der Tanz in sein Gegenteil verkehrt und instrumentalisiert. Doch das pauschale Verdikt des Chrysostomus und anderer Kirchenväter lässt solche Differenzierungen vergessen. Der Tanz wird zum Teufelszeug. – Was steht hinter dieser Entwicklung? Warum kippt die Kirche das grundsätzlich positive Bild des Tanzes so radikal in sein Gegenteil? Hugo Rahner vermutet v.a. zwei Motive: Einerseits sah man wohl im Tanz ein Relikt heidnischer Götterkulte. Andererseits hielt man den Tanz aus der Sicht neuplatonischen Denkens für zu sinnlich. Das Sinnliche aber leitet nach dieser Auffassung den Intellekt weg vom Himmlischen und verhindert ein vernunftgesteuertes, rational kontrolliertes Handeln (Hugo Rahner 1952, 67).

Das christliche *Mittelalter* ist im Vergleich dazu stärker volkskirchlich geprägt. So kennen wir den religiösen und liturgischen Tanz in Einzelfällen, wenngleich er keine flächendeckende Verbreitung erfuhr. V.a. in Frankreich gab es da und dort sakrale Tänze der Priester am Fest des Apostels Johannes (27.12.), der Diakone am Fest des hl. Stephanus (26.12.) und der Subdiakone am Fest der Epiphanie (belegt für das 12. Jh. bei Johannes Beleth, Summa de ecclesiasticis officiis 120). Auch wissen wir von einem Ostertanz der Kleriker durch die Labyrinthe in den Fußböden der großen französischen Kathedralen wie Chartres und Auxerre (Hugo Rahner 1952, 74f) oder unter dem großen Radleuchter wie in Lüttich. Beide Tänze werden in Anklang

an Jes 31,9 »chemin de Jerusalem« genannt. Und ein ähnlicher Ostertanz der Chorknaben der Kathedrale von Sevilla wurde noch bis ins
20. Jh. praktiziert. Auch die Echternacher Springprozession, bei der
die Pilgernden die letzte Strecke zur Willibrord-Basilika mit einem
Pilgerschritt tanzen, geht im Ursprung ins Mittelalter zurück und belegt, dass in dieser Zeit der Tanz als Ausdruck von Spiritualität und
Gebet weite Anerkennung fand.

Selbst *Martin Luther* sieht das Tanzen als Ausdruck der Gotteskind-
schaft: »Die jungen Kinder tanzen ohne Sünde. Das tue auch und
werde ein Kind, so schadet dir der Tanz nicht. Sonst, wenn Tanzen an
sich eine Sünde wäre, dürfte man es den Kindern nicht erlauben«
(Martin Luther, Weimarer Ausgabe 17/ 2, 64, 20–23). Erst die *Aufklärung* sorgt dafür, dass irrationale, emotional starke Glaubensvollzüge wie das Tanzen aus dem anerkannten Bestand religiöser Praktiken verbannt werden.

Das II. Vatikanische Konzil öffnet sich zwar für mehr Bewegung und
aktive Beteiligung im Gottesdienst. Doch bleibt es der charismati-
schen Praxis von Papst *Johannes Paul II.* vorbehalten, den liturgischen Tanz im Rahmen seiner vielen Pastoralreisen von höchster kir-
chenamtlicher Stelle zu revitalisieren. So wird 1995 in Brüssel bei der
Seligsprechung von Pater Damien DeVeuster, des Heiligen der Le-
prakranken von Hawaii, an zentraler Stelle der Liturgie ein Hula-
Tanz aufgeführt. Auch 2002 bei der Seligsprechung zweier Märtyrer
aus dem Maya-Volk in Mexiko werden diverse Tänze der indigenen
Bevölkerung in die Liturgie integriert. Und 1999 schreibt Johannes
Paul II. in seinem Nachsynodalen Schreiben »Ecclesia in Asia«: »Die-
jenigen unter uns, die an der Synode teilgenommen haben, waren
Zeugen einer ausgesprochen fruchtbaren Begegnung zwischen alten
und neuen Kulturen und Zivilisationen Asiens, wundervoll anzuse-
hen in ihren Verschiedenheiten und Übereinstimmungen, insbesondere wenn Symbole, Gesang, Tanz und Farben in harmonischer Ein-
tracht an der einen Mensa des Herrn bei der eucharistischen Eröff-
nungs- und Abschlussfeier zusammentrafen.« Die Offenheit für den
liturgischen Tanz wird hier zum Kriterium für gelingende Inkultura-
tion des Evangeliums.

Anthropologisch betrachtet ermöglicht die rhythmische Bewegung
des Tanzes, dass der Tanzende sich fallen lässt, sich selbst vergisst und
sich ganz hingibt. Die Kontrolle des Willens und des Verstandes wird
ausgeschaltet und der Ekstase der Weg bereitet. Eine solche Ekstase

kann eine tiefe und prägende Gotteserfahrung sein. Natürlich kann sie umschlagen in die Aggressivität und den Fanatismus der Baalspriester auf dem Karmel und bedarf daher aufmerksamer Begleitung. Aber sie kann eben auch starke Erfahrungen davon vermitteln, wie Gott die Seele anrührt.

7.3 Gebärden der Hände beim Gebet

Noch vor wenigen Jahrzehnten wurde in christlichen Kreisen kein Kunstwerk so sehr als eine Verbildlichung des Gebets betrachtet wie die »Betenden Hände« Albrecht Dürers von 1508. Das zeigt schon, dass die Hände, obgleich Teil des Körpers, im Rahmen der Gebetshaltungen eine Sonderrolle einnehmen. Wer betet, drückt dies nicht nur durch die Haltung seines Körpers als solchem, sondern vorzugsweise durch die Haltung seiner Hände aus. Wie die Gestik in der zwischenmenschlichen Kommunikation einen hohen Stellenwert einnimmt, so auch in der Kommunikation des Menschen mit Gott. Was also sind die vorwiegenden (unbewegten wie bewegten) Handhaltungen christlichen Betens?

Eine erste Gebetsgebärde sind die *nach oben offenen*, zu einer Schale geformten Hände. In ihnen drückt der Betende seine Offenheit und Empfangsbereitschaft aus.

Noch deutlicher wird das, wenn die nach oben offenen Hände erhoben und *ausgestreckt bzw. ausgebreitet* sind und die sog. Orantenhaltung einnehmen. Biblisch wird diese Haltung, die in der frühen Kirche zur klassischen Gebetshaltung aller (!) wurde und in den Katakombenmalereien zahlreiche Abbildungen erfuhr, v.a. in Ex 17,12 angesprochen,[17] aber auch an über 20 weiteren Schriftstellen. In der Orantenhaltung streckt sich der Mensch gleichsam nach dem Himmel aus und erwartet von dort seine Gaben. Diese Haltung ist entgegen landläufiger Meinung keineswegs dem Priester reserviert. Wie in der frühen Kirche sollte sie durchaus vertraute Praxis aller Glaubenden sein.

---

[17] Aaron und Hur stützen die zum Gebet ausgebreiteten Arme des Mose; denn sobald dieser sie sinken lässt, wird sein Gebet für das Volk Israel schwächer und es verliert im Kampf an Boden. Über den magischen Zug dieser Erzählung mag man heute lächeln. Aber dass ein Beter von anderen Betern gestützt wird, könnte nicht besser ins Bild gebracht werden.

Eine andere Gebärde sind die wie im Dürerbild *aneinandergelegten, verschränkten oder gefalteten* Hände. Diese klassische Gebetsgebärde der Westkirche in Mittelalter und Neuzeit, die weder in der Bibel genannt noch in frühchristlichen Bildern dargestellt wird, drückt Sammlung, Ergebenheit und Hingabe aus. Insbesondere bei längerem und persönlichem Beten ist sie gut anwendbar. Das (rhythmische) *Klatschen* (z.b. beim gemeinsam gesungenen Gebet) als Ausdruck der Freude und Begeisterung und zur Unterstreichung des Lobes Gottes ist erst in der nachkonziliaren Zeit wiederentdeckt worden – obwohl auch diese Form biblisch belegt ist (Ps 47,2; 98,8).

Eine besondere Form gemeinschaftlichen Betens ist es, *dem anderen die Hand zu reichen* oder auch die rechte Hand nach oben offen auf die ebenfalls nach oben offene linke Hand des Nachbarn zu legen (eine Art Verbundensein in der Orantenhaltung). Beim Vater Unser im Gottesdienst ist diese Geste heute sehr beliebt – mehr als andere Gebärden drückt sie den Gemeinschaftscharakter christlichen Betens aus. Schließlich ist es ebenfalls eine urmenschliche, weit über das Christentum hinaus verbreitete Gebetsgeste, *jemandem die Hände auf den Kopf aufzulegen oder über ihn auszubreiten.* Rund 25 Bibelstellen beschreiben diese Praxis, insbesondere das Markusevangelium als Praxis Jesu (siebenmal) und die Apostelgeschichte als Praxis der ersten JüngerInnen (achtmal). Diese Geste signalisiert Zugehörigkeit und Schutz. Als Segensgeste ist sie nicht nur in der Liturgie hervorragend geeignet, sondern auch unter gläubigen FreundInnen, für Eltern, die ihre Kinder segnen, usw. Als eine der ältesten Gebärden der Menschheit ist sie selbst unter kirchenfernen Menschen der Postmoderne höchst beliebt.

Zwei vergleichsweise spezifische und stärker an eine bestimmte Kultur gebundene Gesten seien abschließend erwähnt: Sich mit den Händen *an die Brust schlagen* ist im abendländischen Kontext ein Zeichen der Selbstbezichtigung und der Bitte um Vergebung (vgl. den Zöllner im Gleichnis Jesu Lk 18,13; darüber hinaus vier weitere biblische Bezeugungen). In der offiziellen nachkonziliaren Liturgie findet sich diese Gebärde nur noch im Rahmen des Schuldbekenntnisses. Für weniger praktizierende ChristInnen ist sie kein geläufiges Zeichen mehr.

Eine letzte, zwangsläufig sehr spezifisch christliche Gebärde ist es, *sich zu bekreuzigen.* Dieser Ritus ist in der Kirche schon früh bekannt. Er will ausdrücken, dass sich der Christ unter das Kreuz Christi stellt und es als Heils- und Segenszeichen begreift. Das Kreuzeichen ist damit eindeutig christologisch codiert. Dennoch variiert seine konfessionelle Verwendung zwischen sehr häufig (orthodoxe Kirchen) und gar nicht (evangelische Kirchen). Ein ehrfürchtiger, bewusster Umgang verlangt auf jeden Fall, dass es keine Inflation seiner Verwendung gibt. Wie die Gebetshaltungen bedürfen auch die Gebetsgebärden der Kultivierung und Pflege. Das lässt sich durch die moderne Neurowissenschaft noch unterstreichen: Im sensomotorischen Cortex des menschlichen Gehirns beanspruchen die Signale von und an Gesicht und Hände den weitaus größten Teil – nichts ist so berührungsempfindlich und nichts so motorisch ausdifferenziert wie diese beiden Körperteile. Eine typische Gebetsmimik kennt das Christentum nicht – umso wichtiger wird dann aber die Gebetsgestik. Beten heißt, das ganze Gespür der Hände zu realisieren und ihre ganze feine Beweglichkeit einzusetzen.

7.4 Die Einbeziehung der Sinne in das Gebet

Beten heißt – das ist bereits deutlich geworden – ein ganzheitliches »Spüren und Verkosten der Dinge von innen her« (Ignatius von Loyola, EB 2), so dass in ihnen und durch sie hindurch das Geheimnis Gottes erahnt werden kann (s.o. Kap. 4.3). Ignatius von Loyola fordert deshalb als unerlässliche Vorbereitung jeder Betrachtung (die er gleichbedeutend Kontemplation und Meditation nennt) den »Aufbau des Schauplatzes« (composición viendo el lugar; EB 47; 49). Zwar spricht er damit genau genommen nur den Sehsinn explizit an. Es wird aber aus dem Gesamtkontext klar, dass die Betrachtung alle fünf Sinne des Menschen einbezieht. Dabei kann der Schauplatz ein realer sein, etwa wenn eine Erzählung der Evangelien betrachtet wird. Doch auch wenn es um abstraktere Wirklichkeiten geht wie das Böse oder die Sünde an sich, muss der Betrachtende sich einen Schauplatz aufbauen – dann eben einen fiktionalen (EB 47).

Der »Aufbau des Schauplatzes« dient dem Betrachtenden zur »Anwendung der Sinne« (EB 65–72; 121–126). Diese soll in der fünften und letzten Übung eines jeden Exerzitientages verschärft werden, indem die Sinne nicht gleichzeitig, sondern einzeln und nacheinander auf den Betrachtungsgegenstand angewandt werden. Die letzte Übung des Tages soll damit sicherstellen, dass der Exerzitant auch ja keinen der fünf Sinne übergeht. Er soll mit all seinen geistigen Kräften und mit all seiner Phantasie sehen, hören, riechen, schmecken und tasten.[18] Was Ignatius in der Spiritualitätsgeschichte auf einzigartige Weise betont, birgt eine tiefe Erfahrung: Beten geschieht ganzheitlich, es braucht alle Kräfte und Möglichkeiten des menschlichen Existenzvollzugs. Gebet ist

Sehen: sei es allein in der Phantasie wie bei Ignatius, sei es real bei einer Bildbetrachtung, als Beten vor einem Jesus- oder Marienbild, vor einem Kreuz oder einer brennenden Kerze oder auch das Schauen in der Natur mit all ihren Farben und Formen.

Hören: sei es ein Hören meditativer oder geistlicher Musik oder des eigenen Gesangs, sei es das Hören der Kirchenorgel oder der Glocken, die zum Gebet rufen, sei es das Hören des gesprochenen Wortes oder das Hören auf Geräusche in der Natur – das Singen der Vögel, das Rauschen der Bäume, die Stille ...

Riechen: sei es den Duft des Weihrauchs oder einer Duftkerze in der Kirche oder daheim, sei es das Riechen der vielfältigen wunderbaren Düfte in der Natur.

Schmecken: sei es das Schmecken der »Süßigkeit« des eucharistischen Brotes oder der Speisen einer Agape nach dem Gottesdienst, sei es der Kuss des Evangeliums, des Altars oder einer Ikone (hier sind die Südeuropäerinnen unbefangener als die Menschen nördlich der Alpen), sei es das Schmecken wilder Früchte oder klaren Quellwassers in der Natur.

Tasten: sei es das Spüren der Berührung einer Handauflegung oder einer rituellen Salbung (sakramental oder nichtsakramental), sei es die Achtsamkeit auf die Handflächen der zum Gebet geöffneten Hände, sei es das Ertasten von Berührungen in der Natur – die Rinde eines

---

[18] Ignatius nennt drei Weisen zu beten (EB 238–260): Die Betrachtung eines Schrifttextes oder eines Gebets Wort für Wort, indem der Betende zu jedem Wort so lange Assoziationen sucht, wie ihm solche einfallen; das Achten auf den Atem unter gleichzeitigem Beten eines einzigen Wortes (eine gewisse Variation des Jesus-Gebets der Ostkirchen, s.u. Kap. 8.6); und das Beten durch Aufbau des Schauplatzes und Anwendung der Sinne. Dabei wird bei einer Gesamtsicht auf die Exerzitien sofort klar, dass die letztgenannte Gebetsweise für ihn den Vorzug genießt.

Baumes, das Wehen des Windes, das Barfußgehen über eine Wiese oder einen Sandstrand ...[19]

Das Eindringen des Platonismus in das Christentum hat die sinnenhaften Elemente christlichen Betens mindestens auf theoretischer Ebene stark in Frage gestellt. Doch gegen die sinnenfreudige Volksfrömmigkeit konnte sich die hohe Theorie im Mainstream katholischer und orthodoxer Frömmigkeit nicht durchsetzen. Der »sensus fidelium« war in diesem Falle zu stark. Nur in der reformatorischen Tradition kam es zu einer nachhaltigen Zurückdrängung des Sinnlichen. Doch auch hier kehrt man im Zeitalter des Ökumenismus allmählich zu einer ganzheitlichen Sicht des Betens und der Spiritualität zurück.

7.5 »Wer singt, betet doppelt«. Das religiöse Singen als Gebet

»Qui cantat, bis orat« – »Wer singt, betet doppelt«. Dieser berühmte Satz wird, wie viele andere, Aurelius Augustinus zugeschrieben, ist aber in seinem gesamten Werk nicht auffindbar. Vermutlich handelt es sich um ein altes Sprichwort. Auch wenn kein Kirchenlehrer für seine Richtigkeit bürgen kann, enthält es eine tiefe Wahrheit. Musik ist urmenschlich und praktisch unverzichtbar für das Menschsein. In allen Kulturen ist sie fester Bestandteil der Feste und der Religion. Auch im alttestamentlichen Israel und erst recht in der frühen Kirche sind Singen und Musizieren wichtige Ausdrucksformen des Glaubens.[20]
Was ist die anthropologische Bedeutung und Eigenart der Musik und speziell des Gesangs? Musik *wirkt mehr über Emotionen* als über den Verstand. Sie rührt Tiefenschichten des menschlichen Empfindens an, an die der Verstand nie herankommt. Gefühle aber sind – so sagen Gehirnforscher wie Antonio Damasio – besonders für die Anzeige und das Speichern von Bedeutungen wichtig.[21] Sie weisen auf wichti-

---

[19] Hier liegt auch der zentrale Impuls für die Wahl und Gestaltung persönlicher Gebetsorte: Es gilt, die eigene Gebetsnische oder den Gebetsort in der Natur so zu wählen und zu gestalten, dass alle Sinne optimal angewandt werden!
[20] Im Islam sind musikalische Elemente (außer bei den Sufis) weitgehend zurückgedrängt. Ein gemeinsames Singen und Instrumentalspiel im Gottesdienst gibt es nicht. Wohl aber ist der Gebetsruf des Muezzins Musik von hoher Qualität.
[21] Vgl. z.B. Antonio Damasio 1997, Descartes' Irrtum. Fühlen, Denken und das menschliche Gehirn, München, 227–273.

ge Erkenntnisse hin und zeigen ihre Relevanz für das fühlende Subjekt auf. Genau das tut Musik: Sie hebt Wichtiges hervor und interpretiert es – ein Fest, eine berührende Begegnung, eine existenzielle Erfahrung.

Zudem besitzt Musik eine viel *größere Fülle des Ausdrucks* als das gesprochene Wort: Melodien und Rhythmen, Lautstärken und Klangfarben – das gesprochene Wort wäre armselig, wenn ihm nicht die Musik zur Seite spränge und es untermalen würde. Ein Gesang hingegen kann auch das ausdrücken, was der Kopf nicht versteht, betont Augustinus in seinem Psalmenkommentar (Aurelius Augustinus, Enarrationes in Psalmos 99). Wie könnte man etwa ein »Halleluja« nur sprechen? Es verlangt geradezu danach, gesungen zu werden, um die Osterfreude glaubwürdig zu äußern.

Schließlich übt Musik auf den Menschen eine *verwandelnde Kraft* aus. Sie verbindet jene, die miteinander ein Musikstück hören oder singen; sie hebt die Stimmung selbst in Situationen der Trauer, schenkt Trost und Hoffnung; sie »bezaubert«. Augustinus meint, dass durch ein gesungenes Gebet die Herzen frömmer und inniger zur Andacht hingezogen werden als beim reinen Wortgebet (Aurelius Augustinus, Confessiones 10, 33). Auch Thomas von Aquin ist überzeugt, dass der Gesang der besseren Disposition der Seele dient (s.th. II–II, q 91 a 2).

Auf Grund ihres Einwirkens auf die menschlichen Emotionen hat Musik natürlich auch etwas Unkontrollierbares, potenziell Gefährliches, Subversives. Deswegen versuchte die Kirche schon früh, regulierend einzugreifen und die religiöse Musik durch Vorschriften zu »zähmen«. Andererseits ist ein großer Teil der abendländischen Musik ohne die Kirche gar nicht zu denken. Das gilt nicht nur für explizit liturgische Musik, sondern gleichermaßen für explizit geistliche Musik, die außerliturgischen Charakter hat, und für Musik, die von den Menschen als religiös empfunden wird, ohne dies explizit zu sein (vgl. die Arbeitshilfe der Deutschen Bischofskonferenz »Musik im Kirchenraum außerhalb der Liturgie« von 2005).

Gerade in der Säkularisierung der Postmoderne bekommt geistliche Musik in allen genannten drei Bedeutungen eine Funktion als Türöffner zum göttlichen Geheimnis. Ein beträchtlicher Teil der kirchlichen Ehrenamtlichen engagiert sich in Chören und Musikensembles. Ein ebenso beträchtlicher Teil der sog. Kirchenfernen kommt gerne zu einem geistlichen Konzert in die Kirche. Und schließlich: Wer will schon an Weihnachten auf bestimmte Lieder verzichten? Es gehört also zu den großen pastoralen Herausforderungen des 21. Jh., mit religiösen Gesängen und religiöser Musik aufmerksam und klug umzugehen. Sie können in der Tat viele Menschen zum »doppelten Beten« bewegen.

7.6 Zusammenfassung: Leibhaftig im Geheimnis geborgen

Nach Gott leibhaftig dürsten und schmachten, ihm singen und spielen, tanzen und zujauchzen – all das und viel mehr macht die Leiblichkeit christlichen Betens aus. Christliches Beten bezieht den ganzen Menschen ein. Als Ganzer ist er von Gott gerufen, als Ganzer erlöst. Das Beten soll das sichtbar, spürbar, erlebbar machen.

8. Beten im Pulsschlag des Lebens

Klassische Gestalten des Betens

In einem alten Spiel für zwei- bis vierjährige Kinder sollen diese aus drei Karten einen Menschen zusammensetzen: Die erste Karte zeigt einen Kopf, die zweite einen Rumpf mit den Armen und die dritte Beine und Füße. Dabei gibt es von jeder der drei Kartengruppen viele verschiedene Einzelkarten. Und so passiert es zunächst, dass der Kopf eines Clowns auf dem Rumpf eines Lehrers und den Beinen einer Sportlerin sitzt. Das Kind findet das lustig und sucht nun die passenden Karten, so lange bis ein ganzer Clown, ein ganzer Lehrer und eine ganze Sportlerin vor ihm liegt.

Was in Bezug auf den menschlichen Körper eine (schwierige!) Aufgabe für Kleinkinder darstellt, bleibt für Erwachsene in anderen Bereichen eine nie ganz abschließbare Lebensaufgabe. Für jeden Bereich gilt es, höchst unterschiedliche Teile zu einem schlüssigen Ganzen zusammenzusetzen und daher nur solche Teile auszuwählen, die auch zueinanderpassen. Erst so entsteht ein Strukturganzes, das aufeinander abgestimmt Situation, Inhalt und Form umfasst und zusammenfügt. Mit einem Kernbegriff der (Gestalt-)Psychologie möchte ich diesen Komplex wissenschaftlich präziser die Gestalt nennen.

Gestalt meint in der modernen Psychologie und Wahrnehmungslehre das Strukturganze eines Seienden und damit nicht nur die Summe seiner Bestandteile, sondern auch deren innere Ordnung und Verbindung untereinander.

Eine Gestalt braucht innere Schlüssigkeit. Die einzelnen Strukturelemente müssen zueinander passen, damit sich ein sinnvolles Ganzes ergibt. Genau das soll hier im Blick auf das Gebet diskutiert werden. Während es in den früheren Kapiteln um einzelne Elemente oder Aspekte der Gestalt des Betens ging, kommt diese hier als solche in den Blick, und mit ihr das Ganze eines Gebets bzw. einer Gebetspraxis. Nicht jede Form passt zu jedem Inhalt. Nicht jeder Körperausdruck passt zu jedem Ort. Nicht jede Geste passt zu jeder Zeit. Wie können sie zu einem stimmigen Gebetsleben verbunden werden? Wie können Glaubende »im Pulsschlag des Lebens« (Willi Lambert) beten? Wie also kann das Beten zur Lebensgestalt werden und das gesamte Leben durchwirken?

8.1 Beten im Rhythmus des Tages. Das Stundengebet

Die klassische Gestalt eines »Betens durch den Tag« oder auch eines »Durchbeten des Tages« ist das Stundengebet. Zwar gab es im Judentum zur Zeit Jesu das private oder familiäre Beten am Morgen und am Abend. Eine ausdifferenzierte Tagzeitenstruktur des Betens wurde aber erst im frühen Mönchtum entwickelt. Zu bestimmten, klar festgelegten Zeiten, so die Idee, versammeln sich die Mönche eines Klosters, um miteinander in Psalmen, Schriftlesung und anderen Gebeten Gott zu loben. Dieses Durchwirken des Tages durch das Beten macht ihr Markenzeichen, ihr spezifisches Merkmal als Mönche aus.

8.1.1 Beten im Rhythmus der Schöpfung

Das Stundengebet besitzt zunächst einen starken Bezug zu den Rhythmen der Schöpfung, wie sie die Bibel deutet und versteht. Das wird in seiner für das abendländische Christentum zentralen Ausprägung in der Regel Benedikts deutlich. Sieben Mal am Tag versammeln sich die benediktinischen Gemeinschaften zum Gebet (RB 16). Alle sieben Tage wird einmal der gesamte Psalter durchgebetet, beginnend am ersten Tag der Woche, dem Sonntag, mit der Nachthore (RB 18). Damit schlägt Benedikt bewusst eine Brücke zum Siebentagewerk der ersten Schöpfungserzählung: Der Rhythmus des Betens gleicht sich dem Rhythmus an, den der Schöpfer von Anfang an in seine Schöpfung hineingelegt hat. Der Betende steht im Einklang mit der gesamten Schöpfung Gottes, er stimmt ein in die große Symphonie des Lobes Gottes durch seine Schöpfung und stellt sich so mit ihr in die verborgene Gegenwart des Schöpfers. – In diesem Kontext wird auch verständlich, warum die alten Hymnen des Stundengebets sehr oft an die Erschaffung der Welt erinnern. Ebenso wird durch das Stundengebet der Sonntag als der erste Tag der neuen Schöpfung, der das Siebentagewerk überbietet, aber recht verstanden auch erschließt und begründet, eindrucksvoll hervorgehoben. Mit dem Übergang des Ruhetags vom Sabbat auf den Sonntag ist er damit auf doppelte Weise als erster und wichtigster Tag des Schöpfungsgedenkens herausgehoben.

8.1.2 Beten im Rhythmus des Tages

Das Stundengebet besitzt aber nicht nur starke Bezüge zur biblischen Schöpfungserzählung, sondern auch zu den Rhythmen der realen Schöpfung, d.h. zum Rhythmus von Tag und Nacht und zum Rhythmus der Jahreszeiten. Die beiden bestimmenden Horen sind Laudes und Vesper. Die eine wird bei Sonnenaufgang, die andere bei Sonnenuntergang gebetet. Eine weitere Hore wird gegen Ende der Nacht am frühen Morgen gebetet – die Vigil, eine am Abend zu Beginn der Nacht – die Komplet. Die übrigen drei Horen Terz, Sext, Non teilen den sonnenerhellten Tag in vier gleich lange Abschnitte. So ergibt sich als Reihung: Vigil – Laudes – Terz, Sext, Non – Vesper – Komplet. Damit diese Ordnung angesichts der unterschiedlichen Länge von Tag und Nacht im Sommer und Winter gleichermaßen realisiert werden kann, gibt Benedikt von Nursia für die Jahreszeiten ein unterschiedliches Maß an Gebeten an (RB 8–18). Im Sommer wird weniger gebetet und mehr gearbeitet, im Winter umgekehrt. Das mag in vormoderner Zeit eine ökonomische Notwendigkeit gewesen sein, für Benedikt jedoch wird daraus ein theologisches und spirituelles Programm: Der Betende fügt sich ein in die natürlichen Rhythmen. Er betet mit allen Sinnen, denn er hört bei Sonnenaufgang die Vögel und sieht das Hellerwerden des Tages, und er spürt bei Sonnenuntergang das Einkehren der Stille und das Umhülltwerden von der Dunkelheit.

8.1.3 Das Leben wird Gebet – und das Gebet ermöglicht Leben

Insgesamt wird durch den steten Wechsel von Beten und Arbeiten, Lesen, Essen und Ruhen ein *Durchdringen* und Befruchten des gesamten Lebens vom Gebet möglich. Alles Erlebte wird ins Gebet hineingenommen, und alles Gebetete strahlt in die täglichen Tätigkeiten hinein aus. Der Mönch arbeitet, liest, isst und ruht anders, weil er vorher und hinterher betet. Und er betet anders, weil er auch das Arbeiten, Lesen, Essen und Ruhen als Gottesdienst versteht, als heiliges und heilendes Tun.

Zugleich hat das siebenmalige Gebet eine enorm *entlastende* Funktion. Sieben Mal am Tag darf die Arbeit ruhen. Sieben Mal am Tag darf der Mönch durchatmen. Sieben Mal am Tag braucht er sich nicht rechtfertigen, wenn er eine Arbeitspause einlegt und nicht alles dem Leistungsdenken und der Effizienz unterwirft. So berechtigt und notwendig ökonomisches Denken und Handeln für Benedikt auch sind – sie stehen nicht an erster Stelle. Schließlich kann das regelmäßige Beten während des Tages dessen Ablauf *strukturieren*. Gerade der moderne Mensch leidet oft darunter, dass die nächste Tätigkeit schon beginnt, ehe die vorhergehende abgeschlossen ist. Eine Arbeit oder Aufgabe verschwimmt mit der nächsten, keine kann in Ruhe begonnen oder abgeschlossen werden. Das Stundengebet teilt den Tag ein und ermöglicht es, jede Aufgabe bewusst zu beginnen und ebenso bewusst abzuschließen. Es bringt Ordnung in den Tag.

Das gilt in besonderer Weise für den Beginn und das Ende eines Tages. Aus der Psychologie wissen wir, dass der erste Gedanke beim Aufwachen und der letzte vor dem Einschlafen die wichtigsten Gedanken des Tages sind. Das Morgengebet kann daher als Bewusstseinshygiene und das Abendgebet als »Schlafhygiene« (Karl Rahner 1957, 274) bezeichnet werden. Ein Traum ist nicht kontrollierbar und steuerbar. Aber ein positiver Abschluss des Tages durch das Abendgebet sorgt tendenziell für gute Träume und ruhigen Schlaf. Umgekehrt prägt ein Morgengebet die Erwartung und Wahrnehmung des neuen Tages.

8.1.4 Die Gestalt des Stundengebets

Ursprünglich war das Stundengebet wie gesagt vom und für das monastische Mönchtum entwickelt worden. Es ist ein Gebet für stabil zusammenlebende Klostergemeinschaften, die ihren Lebens- und Gebetsrhythmus weitestgehend selbst bestimmen können. Seit dem frühen Mittelalter wird es aber auch für alle Kleriker und nichtmonastischen Ordensgemeinschaften verwendet. Dass nicht auch die Laien dazu verpflichtet werden, hängt v.a. mit der Liturgiesprache des Lateinischen zusammen, die die meisten Laien nicht verstehen, und mit ihrer mangelnden Lesefähigkeit. Damit dennoch alle Getauften auf ihre Weise am Stundengebet teilnehmen können, werden ihnen vereinfachte Gebete gegeben wie der Angelus, der »Engel des Herrn«, zu dem mit der weiteren Verbreitung von Kirchenglocken seit dem Hoch- und Spätmittelalter auch geläutet wird – das sog. »Gebetsläuten« am Morgen, am Mittag und am Abend.

Damit ist das Stundengebet in besonderer Weise ein Gebet der ganzen Kirche – weltweit gebetet, stellvertretend von einigen, aber so, dass alle wenigstens in reduzierter Weise daran teilnehmen (s.o. Kap. 5). Es ist ein zutiefst biblisches Gebet, denn Psalmen, Cantica, Schriftlesungen und Vater Unser sind der Heiligen Schrift entnommen (s.o. Kap. 6). Und es wird vorzugsweise gesungen (s.o. Kap. 7.5). So verbindet es zahlreiche Einzelaspekte in einer Gesamtgestalt zu einem hochgradig ausdifferenzierten, schlüssigen Ganzen.

Dennoch tut sich ein Problem auf: Diese enorm stimmige Gesamtgestalt der Tagzeitenliturgie ist zunächst von und für monastische Gemeinschaften entwickelt worden. Eine apostolische Gemeinschaft von Seelsorgern z.b. oder ein sozial-karitativ tätiger Schwesternorden ist in der Gestaltung gemeinsamer Gebetszeiten weit unfreier: Die Rhythmen der Arbeit werden viel stärker fremdbestimmt. Die Gebetszeiten und auch die Gebetsdauer müssen sich den Arbeitszeiten anpassen und nicht umgekehrt. Mitunter kann eine solche Gemeinschaft sogar Schwierigkeiten haben, überhaupt eine Zeit zu finden, die sich alle für das Gebet freihalten können.

Noch schwerer wird es mit dem Stundengebet für einen Priester, der alleine in seinem Pfarrhaus wohnt. Punktuell kann er versuchen, Gemeindemitglieder zum Mitbeten zu gewinnen. Doch ein regelmäßiges gemeinschaftliches Beten dürfte in vielen Fällen nicht realisierbar sein. Das gilt auch für Laien, die den Wunsch verspüren, das Stundengebet in ihren Alltag hineinzunehmen.

Die Kunst wird folglich in einer klugen Vereinfachung des Stundengebets und in seiner Diversifizierung für die unterschiedlichen Personengruppen liegen. Die Neuordnung nach dem II. Vatikanischen Konzil hat eine solche Vereinfachung und Diversifizierung begonnen. Ob sie aber schon weit genug geht?[22] Mit Angelus Häußling (2000, 1237.1239f) darf das bezweifelt werden.

8.2 Mit Gott auf das Leben schauen.
Die abendliche Gewissenserforschung

Die abendliche Gewissenserforschung ist eine gute alte Tradition christlicher Spiritualität. Als fester Bestandteil gehört sie in die letzte

---

[22] Die Muslime könnten hier dem Christentum eine gute Orientierung geben. Denn das täglich fünfmalige Beten beim Ruf des Muezzins ist eine der »fünf Säulen« des Islam, also eine der grundlegenden Pflichten gläubiger Muslime. Doch es ist weitaus einfacher und kürzer auch als das nachkonziliare Stundengebet für Diözesanpriester.

Hore des Stundengebets, die Komplet. Aber auch ChristInnen, die das Stundengebt nicht beten, haben bis vor wenigen Jahrzehnten selbstverständlich gelernt, am Abend das Gewissen zu erforschen. Problematisch ist freilich aus heutiger Sicht, dass die traditionelle Gewissenserforschung sehr schematisch strukturiert ist (etwa entlang der Zehn Gebote), dass sie den Tag rein quantitativ auswertet (mittels mentaler »Zähllisten«, wie oft der Nachdenkende an diesem Tag eine bestimmte Sünde begangen hat) und dass sie sündenzentriert ist und damit Gelungenes, Schönes, Erfreuliches ... ausblendet.

Dem haben im 20. Jh. zwei Traditionen eine offenere und der Vielschichtigkeit des Wirkens Gottes im Alltag besser gerecht werdende Alternative entgegengesetzt: Die ignatianisch-jesuitische Tradition das »Gebet der liebenden Aufmerksamkeit«, die Tradition der Christlichen Arbeiterjugend in der Folge von Kardinal Joseph Cardijn (1882 Schaerbeck bei Brüssel–1967 Löwen) die »Revision de Vie«.

Beide folgen einem ähnlichen Schema: Ignatius geht nach dem Dreischritt Hören – Unterscheiden – Antworten vor, Cardijn folgt dem Dreischritt Sehen – Urteilen – Handeln.

Beide meinen dasselbe und aus denselben Gründen: Nur ein vorurteilsfreies, unvoreingenommenes Zurückschauen auf den Tag (»Sehen« bzw. »Hören«) kann diesen mit allem Licht und allem Schatten wahrnehmen, mit eigenem Gelingen und Scheitern, mit dem Gelingen und Scheitern der anderen. Erst im zweiten Schritt geht es darum, im menschlichen Tun und Erleben die Spuren Gottes zu finden und zu deuten. Erst in diesem Schritt kann und soll gewertet werden – am Maßstab des Evangeliums (»Urteilen« bzw. »Unterscheiden«). Dann kann darauf aufbauend im letzten Schritt ein konkreter Vorsatz oder eine Bitte für den nächsten Tag stehen (»Handeln« bzw. »Antworten«).

Konkret könnte eine stimmige Gestalt des Tagesrückblicks folgende Schritte umfassen:

- Einfinden in Gottes Gegenwart: Ich werde mir bewusst, dass ich da bin und dass Gott da ist.
- Vorbereitungsgebet: Ich bitte Gott um seinen Geist für die Rückschau, damit ich den Tag wirklich ehrlich betrachte und ihn so sehe, wie Er selbst ihn sieht.
- Tagesrückschau, noch ohne Wertung: Ich sehe noch einmal, wie die Bilder des Tages vor meinem inneren Auge ablaufen. Ich schaue

nochmals die Menschen, die mir heute begegnet sind. Ich sehe von neuem die Räume, die ich heute betreten habe. Wieder kommen mir die Aufgaben und Arbeiten in den Sinn, die ich bewältigt oder auch nicht bewältigt habe. Noch einmal nehme ich die Gefühle wahr, die mich angesichts dieser oder jener Situation erfüllen.

– Dank – Bitte – Versöhnung: Jetzt kann ich mich fragen: Wofür möchte ich dem Herrn heute besonders danken? Und: Gibt es Dinge, für die ich um Verzeihung bitten möchte?

– Zurücklegen des Tages im Abschlussgebet: Habe ich das getan, kann ich den Tag loslassen, ihn zurück in die Hände Gottes legen.

Eine dreifache Bedeutung dieser Gebetsgestalt lässt sich nennen:

– *Anthropologisch*: Wer am Abend auf den Tag zurückschaut, erlebt ihn doppelt. Er hat die Möglichkeit, Kleinigkeiten bewusster und genauer wahrzunehmen als in der Hektik des Geschehens. Der Tagesrückblick lässt den Betenden intensiver leben.

– *Ethisch*: Der Gewissensbegriff ist von seinem Ursprung her weder biblisch noch philosophisch auf Sünden verengt, sondern meint etymologisch im Griechischen (συνείδησις), im Lateinischen (conscientia) und im Deutschen ein Zusammensehen, eine Zusammenschau einzelner Aspekte. Genau darum geht es im Tagesrückblick nach Ignatius oder Cardijn. Alttestamentlich wäre dies das »hörende Herz«, um das König Salomo bittet (1 Kön 3,9). Es geht um das offene, vorurteilsfreie Wahrnehmen und das anschließende Deuten des Lebens im Licht des Glaubens.

– *Theologisch*: Wenn es wahr ist, dass die Gnade Gottes wichtiger ist als die Leistung und das Versagen des Menschen, geht es vorab zu jeder Betrachtung der eigenen Taten um die Entdeckung der Spuren Gottes im eigenen Leben. Nicht die Frage, wo der Mensch falsch oder richtig gehandelt hat, steht an erster Stelle, sondern wie Gott im Leben des Menschen gehandelt hat – ganz konkret an diesem Tag. Es geht m.a.W. um das »Evangelium des eigenen Lebens«.

So ist die Gewissenserforschung am Abend eine der wichtigsten Gestalten christlichen Betens, ja vielleicht die wichtigste überhaupt. Wer sonst keine feste Gebetsweise pflegt, könnte hier eine gute Grundlage finden.

8.3 Im Kontext der Feier. Die Gestalt liturgischen Betens

Über das Stundengebet hinaus gibt es zahlreiche weitere Gottes-dienstformen. In allen ist das Beten ein unverzichtbarer Bestandteil. Im Gegensatz zum persönlichen Beten allein oder in kleinen Grup-pen hat dieses liturgische Beten freilich zwangsläufig eine stärker nor-mierte Gestalt, damit es für ganze Gemeinden oder sogar für die Weltkirche zur gemeinsamen Praxis werden und durch die Genera-tionen bleiben kann. Das betrifft:

- die Form des Vortrags: Es gibt nach klaren Regeln bestimmte vom Liturgen vorgebetete (z.b. Tagesgebet) und andere von allen Gläu-bigen gemeinsam gebetete (z.b. Vater Unser) sowie vorgesungene (z.b. Antwortpsalm der Messe) und gemeinsam gesungene (z.b. Psalmen im Stundengebet) Gebete.
- die Rahmung des Gebets: Feste Einleitungen fordern zum Gebet auf (»Lasset uns beten«), feste Schlussformeln markieren sein Ende (»Durch Christus, unseren Herrn« – »Amen«).
- den Wortlaut des Gebets: Zumindest jene Gebete, die die Gläubi-gen miteinander auswendig beten, müssen einen festen Wortlaut haben. Dieser bietet sich grundsätzlich für wiederkehrende Gebete an, damit diese ins Herz der Menschen sinken können und eine Vertrautheit mit dem Gebet entsteht. So belebend es sein mag, ab und zu einmal einen Psalm in einer anderen Übersetzung zu beten: Als Regelfall würde das die Menschen überfordern und ermüden. Natürlich ist dadurch ein liturgisches Gebet nur bedingt zeitgemäß – eine gewisse Spannung zwischen Tradition und Innovation lässt sich nicht ausräumen. Sie muss im Einzelfall auf kluge Weise über-brückt und gedeutet werden. Dann aber kann sie zum (Perspekti-ven-)Reichtum werden.
- den inhaltlichen Aufbau des (vorgebeteten) Gebets: Nach der Ana-klese, der Anrufung Gottes, folgt die Anamnese, die Erinnerung an seine Heilstaten und an die Situation der Betenden. Mit der Epi-klese, der Herabrufung der göttlichen Gnade, werden die Anliegen der Betenden ausgesprochen, ehe die Doxologie als abschließender Lobpreis durch die Akklamation der Gemeinde im »Amen« beant-wortet wird.

Bezüglich der inhaltlichen Gestaltung liturgischer Gebete bestehen v.a. drei Gefahren (vgl. Michael B. Merz 1987, 126–130):

1) die Gefahr des Subjektivismus: Jedes öffentliche Gebet muss die gesamte versammelte Gemeinde im Blick haben, ja letztlich sogar die ganze Kirche und die ganze Welt (synchron und diachron). Gegenüber dem privaten Beten bedeutet das eine erhebliche Horizonterweiterung. Anders als dort dürfen die Betenden in der Gemeinschaft nicht nur ihre eigenen Probleme thematisieren, sondern sind gefordert, die Erfahrungen, Freuden und Nöte der gesamten Kirche, des ganzen Volkes Gottes und auch der Nichtglaubenden einzubeziehen. Ihnen allen gilt es im Gebet Respekt und Verständnis zu bezeugen.

2) die Gefahr des »Dogmatisierens« und/oder »Moralisierens«: Ein Gebet lehrt die Mitbetenden etwas, aber das ist nicht sein erstes Ziel. Es ist ein Missbrauch, wenn das Gebet als pädagogischer Wink mit dem Zaunpfahl verwendet wird. Das gilt für das »Dogmatisieren«, das Belehren in Glaubensfragen, wie es nicht selten in traditionellen liturgischen Gebeten vorkommt. Es gilt aber ebenso für das »Moralisieren«, das sich häufig in modernen Formulierungen von Fürbitten findet.

3) die Gefahr des Formalismus: Manche Formulierungen alter liturgischer Gebete sind durch den geschichtlichen Wandel unverständlich und inhaltsleer geworden. Sie sind nur noch Worthülsen, Leerformeln. Mögen sie auch früher ihre Berechtigung und ihren Sinn gehabt haben, so haben sie ihn doch verloren. Liturgisches Beten braucht im guten Sinne eine »Volkssprache«, eine Sprache, die das Volk Gottes spricht und versteht. »Volkssprache« meint aber nicht »Vulgärsprache«. Jede Anbiederung liturgischen Betens an den Slang einer Zielgruppe ist verfehlt. Liturgische Sprache soll ein Gegenüber zur Alltagssprache sein. Aber ihre Distanz zum alltäglichen Reden muss so sein, dass sie von der feiernden Gemeinde noch überbrückbar ist. Sonst wird liturgisches Beten zum unverständlichen »Hokuspokus«[23]. – Es gibt aber noch eine zweite Variante des Formalismus: Die Formeln des Gebets sind in ihr zwar sprachlich verständlich, aber nicht durch Lebenserfahrung abgedeckt. Als nichtssagende Verlegenheitsfloskeln weichen sie der harten und widerständigen Wirklichkeit des Lebens aus und klingen unglaubwürdig. Sie treffen nicht den »Nerv« der Menschen. Ein solches Gebet ist keine Begegnung mit der Wirklichkeit.

---

[23] Der Begriff leitet sich aus den lateinischen Einsetzungsworten »Hoc est enim corpus meum« der Messe ab, die die Menschen nicht verstanden.

8.4 Mit den Füßen beten. Wallfahrt als Gebet

Die Wallfahrt ist einer der wenigen ganzheitlichen, intensiv leibhaftigen Glaubensvollzüge des kirchlichen Lebens. Zweifellos ist das ein Grund, warum sie in den letzten Jahrzehnten einen unglaublichen Boom erfährt, dessen Zenit noch nicht überschritten ist. Wallfahren ist, wo es nicht zu einer Busfahrt oder einem Flug degradiert wird, »Beten mit den Füßen«. Und ebendarum tun sich beim Pilgern seelsorgliche Chancen auf, die wir so bei kaum einem liturgischen oder spirituellen Vollzug der Kirche kennen. Wie kann das Wallfahren oder Pilgern als Gebet eine schlüssige Gestalt bekommen?

Wallfahrende

– brauchen ein klares äußeres, aber auch ein ebenso klares inneres *Ziel*, auf das hin sie ihren Weg, ihre Anstrengungen und ihr Beten ausrichten.

– brauchen die *Ungestörtheit*, Gottes leisen Ruf zu hören und frei für Gottes Fingerzeige zu sein, und müssen sich daher von zuhause abnabeln.

– sollen das *Wagnis* eingehen, nicht ans Ziel zu gelangen, und in dieser Unsicherheit den sie tragenden Gott spüren.

– sollen an die *Grenzen* ihrer eigenen Kräfte und manchmal wohl auch darüber hinaus gehen, um umso mehr Gottes barmherziges und liebevolles Handeln zu erfahren.

– sollen *Kirche als Weggemeinschaft* und Volk Gottes unterwegs erleben, womöglich sogar über die Grenzen von Sprachen und Kulturen hinaus.

– wollen einander *tragen* und sich tragen lassen (von den MitpilgerInnen wie von den Gastfreundschaft Gewährenden).

– lassen sich vom dynamischen Geschehen einer Wallfahrt ergreifen und *verwandeln*.

– wollen im *Rhythmus* der Schritte beten – in Litaneien, Rosenkranz- und Jesusgebet und anderen wiederholenden Gebetsformen.

– sollen die *Gnade der Ankunft* erleben und auskosten – als Vorgeschmack des Himmels.

Angesichts dieser Potenziale des Wallfahrens und der ihnen entsprechenden Bedürfnisse der Pilgernden kann nur eine Gestalt weiterhelfen, die genau dem entspricht. Ob das der Fall ist, wenn Wallfahrten durch Begleitfahrzeuge und Komforthotels rundum abgesichert und veredelt werden; wenn sie durch die ständige Verbindung mit zuhause über Handy und Internet besetzt werden; wenn mehr in Kirchen entlang des Weges als auf dem Weg selber gebetet wird; wenn die Wallfahrtsgruppe stets unter sich bleibt, gerade auch am Wallfahrtsziel; und wenn gar nicht so selten das sportliche Extrem und das Bier mehr im Vordergrund stehen als ein wirklich geistliches Geschehen? Wallfahren ist quantitativ (jeden Tag viele Stunden des Gebets und der Stille zum Nachdenken) und qualitativ (ganzheitlich, intensiv) eine der herausragenden Möglichkeiten des Betens. Sie bedarf aber einer guten, theologisch verantworteten Gestaltung, damit sie eine klare und stimmige Gestalt gewinnt (s. dazu Michael Rosenberger 2005[1]/2008[2]).

8.5 Beten im Rhythmus des Atems. Das Jesus-Gebet der östlichen Kirchen

»Du bist mein Atem, wenn ich zu dir bete« (Huub Oosterhuis 1964, »Ich steh vor dir mit leeren Händen, Herr«, Gotteslob Nr. 621; s.o. Kap. 3.2). Diese wunderbare Aussage des niederländischen Theologen Huub Oosterhuis wird besonders wörtlich erfahrbar im Herzensgebet oder Jesusgebet der östlichen Christenheit. Es handelt sich dabei um ein sog. monologisches Gebet, das nur aus einem Wort (z.b. »Jesus«) oder einem Satz (z.b. »Herr Jesus Christus, erbarme dich meiner«) besteht und ständig wiederholt wird. Seine Ursprünge liegen einerseits in der »ruminatio« des Mönchtums, dem »Wiederkäuen« der Schriftworte in der Meditation, andererseits in der Stoßgebetspraxis, wie sie vermutlich schon vorchristlich praktiziert wurde. Das Herzensgebet ist gleichsam ein im Rhythmus des Atems wiedergekäutes Stoßgebet.

Drei Schritte dienen zu seiner Aneignung:

- das »mündliche Gebet«, ein noch vom Bewusstsein gesteuertes Beten, das sich ganz auf den Wortlaut konzentriert.
- das »seelische Gebet«, bei dem sich der Verstand auf den Inhalt des Gebets konzentriert und nicht mehr auf die Worte.
- das »geistige Gebet«, also das eigentliche Herzensgebet, bei dem das Herz mit Verstand und Gefühl betet und weder auf den Wortlaut noch auf seine Bedeutung achtet, sondern tief im Innern die Verbundenheit mit Gott kostet.

Im 14. Jh. erfährt das Herzensgebet durch die Mönche am Berg Athos (v.a. durch den Mönch Nikephoros und den Abt Gregor Palamas) und durch die geistliche Bewegung des Hesychasmus (ἡσυχία = Ruhe, innerer Frieden, Versenkung) eine Weiterentwicklung. Nun werden leibliche Übungen einbezogen, v.a. das Beachten des Atems und des Herzschlags, was in der Orthodoxie zunächst etlichen Streit auslöst (analog zum Streit über den Quietismus in der lateinischen Kirche). Doch das Herzensgebet erfährt immer größere Beliebtheit. Im 18. und 19. Jh. verbreitet es sich in Russland durch die Starzen, die »alten« Mönche, in allen Volksschichten. Ein geistlicher Klassiker, der davon erzählt, sind die »Aufrichtige[n] Erzählungen eines russischen Pilgers« (deutsch von Emmanuel Jungclaussen [Hg.] 1974).

Das Herzensgebet hat in seiner langen Tradition eine ausgesprochen stimmige, wenn auch höchst anspruchsvolle Gestalt entwickelt. Es dürfte der intensivste Weg sein, zum »immerwährenden Beten« zu gelangen, das die Bibel den Glaubenden empfiehlt (1 Thess 5,17). Zugleich führt es zu einem ungemein innerlichen, ganzheitlichen Beten, in dem die Gebetsformel mit dem Atem und dem Herzschlag korreliert. Beten wird mehr zum Zustand als zur Aktivität. Der Betende findet sich im Gebet aufgehoben.

8.6 Anregungen des »fremden Propheten«. Fernöstliche Meditationsformen

Seit Anfang des 20. Jh. interessieren sich Intellektuelle des europäischen Kulturraums zunehmend für fernöstliche Religionen und unternehmen Reisen, besonders nach Indien. Das führt ab Mitte des 20. Jh. zu Versuchen, fernöstliche Meditationsformen in den Kontext des Christentums hineinzuholen und mit Traditionen christlicher Mystik in Verbindung zu bringen. Protagonisten dieser Bewegung sind zwei westfälische Jesuiten, die beide ein gesegnetes Alter erreichen: Heinrich Dumoulin (1905 in Wevelinghoven bei Grevenbroich – 1995 Yotsuya bei Tokyo) und Hugo Enomiya Lasalle (1898 Gut Externbrock bei Nieheim in Westfalen – 1990 Münster) verbreiten als katholische Priester den Zen-Buddhismus in Europa. Neben ihnen tragen aber auch Nichttheologen dazu bei, die sich zum Zen-Meister ausbilden lassen, und natürlich Exilbuddhisten wie der Dalai Lama.

Was sind mögliche Gründe für die erstaunliche Attraktivität fernöstlicher Meditation? Als *extrinsischer Grund* spielen sicher die Exotik des Fremden und die Faszination des Unbekannten eine Rolle. Christliche Formen der Spiritualität glaubt man zu kennen und achtet sie gering. Umso neugieriger nimmt man Alternativen dazu wahr. Doch über dieses extrinsische Motiv hinaus müssen starke *intrinsische Gründe* hinzukommen, wenn man die großen Anstrengungen erklären will, die jene auf sich nehmen, die sich täglich in die Meditation einüben und vertiefen. Drei solche Gründe scheinen mir schlagend zu sein: Zum ersten entspricht die fernöstliche Struktur von Religion dem postmodernen Individualismus: Jeder Mensch sucht seinen eigenen Weg und wählt seinen eigenen Meister, der ihn in der Meditation unterweist. Zum Zweiten verheißt die buddhistische Tradition weit mehr Klarheit und Sicherheit als das Christentum: Während dieses nämlich synodal strukturiert ist und daher von Anfang an ständig über Glaubensfragen diskutiert, muss sich der fernöstliche religiöse Mensch dem Meister bedingungslos unterwerfen. Widerspruch und Diskussion sind nicht möglich – wer nicht einverstanden ist, kann gehen und sich einen anderen Meister suchen. Schließlich sehe ich einen dritten Grund für die Attraktivität fernöstlicher Meditationsformen in ihrer Betonung der leiblichen Dimension. Achtsamkeit für und Beherrschung des Körpers sind wesentliche Elemente. Drei der *wichtigsten Formen* seien namentlich genannt: Das indische Yoga, dessen Ziel das Ende aller geistigen Betätigungen und die Vereinigung der Seele mit der Allseele ist; der klassische indische und tibetische Buddhismus, der auf die Abklärung des Geistes und die Erfahrung der inneren Leere der empirischen Welt zielt, und der japanische Zen-Buddhismus, der über das Einüben des Lotussitzes (zazen) und die Atembeherrschung innere Entleerung und Erleuchtung erreichen will. In allen drei Formen geht es darum, über leibliche Übungen (Sitzen, Stille, Versenkung, Atem) zu innerer Erfahrung zu kommen.

Können solche Meditationsformen in den christlichen Glauben integriert werden, und wenn ja, wie? Schon das Jesusgebet zeigt: Kontemplative oder mystische Praktiken treffen immer auf Verdächtigungen – in allen (!) Schriftreligionen: Der Quietismus im Westen, der Hesychasmus im Osten, die Sufis im Islam, die Chassidim im Judentum … Es ist klar: Emotionale Formen spiritueller Übungen enthalten zwangsläufig subversive, schwer kontrollierbare Kräfte. Die

Schriftreligionen, die allesamt rational-diskursive Wege der Wahrheitsfindung kennen (und insofern Habermas' Weg der diskursiven Vernunft gehen!), wollen diese Kräfte kontrollieren und regulieren. Aber das spricht noch keineswegs prinzipiell dagegen, dass fernöstliche Meditationsformen sich in eine gesunde christliche Glaubenspraxis integrieren lassen.

Eine wichtige Unterscheidung ist die zwischen einer kategorialen Praxis und ihrer theologisch-anthropologischen Deutung: Eine Meditationspraxis des Zen kann gut und hilfreich sein. Sie muss ja nicht unbedingt mit ihrer buddhistischen Deutung gemeinsam übernommen werden. Christliche Zen-Lehrer können auch eine eigene, christlich geprägte Interpretation erarbeiten. Am Beispiel von Willigis Jäger lässt sich das gut ablesen: Die Kirche verbot ihm nicht, die Praxis des Zen zu lehren, sondern nur seine Theorien dazu weiter zu verbreiten.

Zweitens muss unterschieden werden zwischen religiösen und medizinischen Praktiken. Medizinische Lehren und ihre Erklärung fallen nicht in die Kompetenz der Kirche, sondern in die Kompetenz der wissenschaftlichen Medizin. Sofern also z.b. Yoga und Ayurveda neben Meditationspraktiken auch medizinische Maßnahmen empfehlen, muss sich die Kirche jeden Urteils über Letztere enthalten. Die Kirche achtet die Autonomie der Sachbereiche und Wissenschaften (II. Vatikanisches Konzil, Gaudium et Spes 36). Sie selber ist nur für die Deutung religiöser Praktiken kompetent.

In ihrem »*Schreiben an die Bischöfe über einige Aspekte der christlichen Meditation vom 15.10.89*« hält die Kongregation für die Glaubenslehre Folgendes fest: Die Kirche lehne nichts von der Praxis anderer Religionen ab, was wahr und heilig ist (Nr. 16 zit. Nostra Aetate 2). Grundsätzlich könnten Meditationspraktiken anderer Religionen daher wertvoll sein und übernommen werden. Beten sei allerdings mehr als eine Technik: Es sei Gnade und Geschenk, wenn Gott sich dem Betenden gibt (Nr. 23; 31). Gotteserfahrung lasse sich nicht »machen«. Zudem bedeute die Erfahrung der Leere, die der Buddhismus vielfältig anspricht, aus christlicher Sicht das Leerwerden vom Egoismus, nicht von den geschaffenen Dingen. Der Betende spüre, dass er nicht um sich selber kreisen und bei sich selber bleiben könne (Nr. 19), sondern über sich selbst hinausgehen müsse in der personalen Hingabe an Gott und die Menschen (Nr. 20). Schließlich wendet sich das Schreiben der Frage der Leiblichkeit zu: Die christliche Tradition kenne körperbezogene Methoden, wobei die Ostkirche Körperhaltungen und Körperübungen beim Gebet mehr gepflegt habe als die Westkirche. Doch beide übertrieben nicht und vermieden jeden Körperkult (Nr. 26–27). Eine bestimmte Körpererfahrung wie Entspannung, innere Befriedigung oder Wärme dürfe keinesfalls automatisch als Gotteserfahrung gedeutet werden, auch wenn sie zu einer solchen führen könne (Nr. 28).

Insgesamt ist damit der Weg einer Aufnahme fernöstlicher Meditationspraktiken in die christliche Spiritualität aufgezeigt: Es ist nicht nur erlaubt, sondern sogar geboten, offen und neugierig auf die Erfahrungen anderer Religionen zu schauen. Das Christentum hat die Freiheit, anzunehmen, was sich als gut erweist. Doch soll es dabei nicht zu einer Patchwork-Religion mutieren, sondern die eigene Glaubens- und Gebetsgestalt so weiterentwickeln, dass sie in sich stimmig bleibt.

8.7 Das ganze Leben wird Gebet. Explizites Beten und implizites Leben in Gottes Gegenwart

Jeder Glaubende, der geistlich leben will, muss ein Leben lang an der Gestalt seiner Gebetspraxis arbeiten. Ein vollkommenes Ganzes wird nicht entstehen. Doch kann eine Gestalt wachsen, die weitgehend schlüssig ist und mit der der Mensch gut leben kann. Um mehr geht es nicht. Aber auch nicht um weniger.

9. »Herr, gib!«

Wie und was »bewirkt« Beten?

Heutzutage liegen in vielen Kirchen Bücher auf, in die die BesucherInnen ihre Gebetsanliegen hineinschreiben können. Wirft man einen Blick in solche Bücher, sind viele dieser Anliegen Bitten. Auch Dank und Lob kommen vor und haben Platz. Allen voran aber steht die Bitte. Im Bittgebet hoffen Menschen auf sehr konkrete Hilfe Gottes. Manchmal lassen sie offen, wie diese Hilfe aussehen kann. Manchmal haben sie eine relativ genaue Vorstellung davon. Aber gleich ob festgelegt oder offen: Im Bittgebet beten Menschen um ein konkretes Handeln und Wirken Gottes in ihrem Leben. Setzen sie damit nicht einen innerweltlichen Zweck ihres Betens? Wird damit das Gebet nicht verzweckt? Was ist eigentlich der Sinn des Bittgebets? Was seine Berechtigung? Was sein Potenzial? Diese Fragen stellen sich wohlgemerkt im Kontext der Geheimnishaftigkeit Gottes. Sollte das Bittgebet das Geheimnis Gottes »entzaubern«, ihn zum Wunscherfüller oder Handelspartner degradieren, wäre es nach der eingangs gegebenen Definition kein Gebet mehr. Viel steht also auf dem Spiel mit der Frage nach dem Bittgebet.

9.1 Zwecklos? Beten als ein frag-würdiges Tun

Die Kritik am Bittgebet ist nicht neu. Mit besonderer Schärfe wird sie in der Aufklärung gestellt, etwa bei *Immanuel Kant* (1724 Königsberg–1804 Königsberg) in seiner Schrift »Die Religion innerhalb der Grenzen der Vernunft« (AA IV 870–873). Kant unterscheidet drei mögliche Weisen, das Gebet zu verstehen und zu praktizieren:

– Das ausdrückliche Beten, als »förmlicher Gottesdienst« und als »Gnadenmittel« gedacht, d.h. als Mittel, mit dem der Mensch Gottes Eingreifen in die Abläufe der Welt erwirken zu können glaubt: Ein solches Gebet ist nach Kant ein erklärtes Wünschen gegenüber jemandem, der keine Erklärung unserer Wünsche braucht, da er sie schon kennt. Mit einem solchen Gebet wird Gott nicht gedient – es ist kein Gottesdienst, sondern »abergläubischer Wahn« (AA IV 870).

– Der »Geist des Gebets ... ohne Unterlass« (AA IV 871) als echter Gottesdienst besteht in dem beständigen, alle Handlungen begleitenden impliziten Wunsch, Gott in allem wohlgefällig zu sein: In diesem Geist des Gebets sucht der Mensch vermittels der Idee von Gott auf sich selbst einzuwirken, nicht auf Gott. Ziel dieser Einwirkung ist die eigene Moralität, und daher ist der Geist des Gebets verpflichtend.

– Das ausdrückliche Beten kann natürlich auch als Erinnerung an den Geist des Gebets verstanden werden und nicht als »Gnadenmittel«. Dann kleidet es den Wunsch in Worte, Gott wohlgefällig zu sein. Doch auch damit versucht der Betende auf Gott einzuwirken (im Glauben, auch wenn es ihn nicht gäbe, könne es nicht schaden). Kant hält diese Form zwar kurzfristig für ein mögliches Mittel, um den Geist des Gebets zu beleben. Auf Dauer aber schwäche solches Beten die Wirkung der moralischen Idee. Es sei daher mit Vorsicht zu genießen.

Kant sieht das *Vater Unser als Mustergebet um Moralität*: In ihm »findet man nichts als den Vorsatz zum guten Lebenswandel« (AA IV 871). Dem scheine zunächst die Bitte um das tägliche Brot zu widersprechen. Doch Kant interpretiert die Brotbitte als Erbitten »dessen, was die Natur in uns will« (AA IV 872), und nicht als einen Wunsch des Menschen. Letztlich diene das Brot für heute nur dazu, dass der Mensch überhaupt moralisch leben könne.

Zusammenfassend lässt sich festhalten: Kant geht davon aus, dass der Mensch nur um eine Wirkung des Gebets auf seinen eigenen Willen bitten kann. Gott hingegen um konkrete Güter zu bitten wäre töricht: Erstens weiß er um unsere Wünsche, und zweitens sind seine Absichten von Ewigkeit her weise – würde Gott sie ändern, wäre das zum Schaden des Menschen.

Es mag erstaunen, dass sich *Thomas von Aquin* (1225 Roccasecca–1274 Fossanova) in seiner Abhandlung über das Gebet (s.th. II–II q 83 de oratione) ein halbes Jahrtausend früher schon ganz ähnlich äußert: Im Artikel 1 rezipiert er zunächst die Definition des Bittgebets von Johannes Damascenus: »Oratio est petitio decentium a Deo« – »Das (Bitt-)Gebet ist das Erbitten der geziemenden Dinge von Gott« (Johannes Damascenus, De fide orthodoxa III, 24). Ist es unter dieser Voraussetzung angemessen zu beten? Diese Frage behandelt Artikel 2. Thomas weist hier zunächst auf drei irrige Positionen hin: Erstens dürfe man nicht leugnen, dass die irdischen Vorgänge von der göttlichen Vorsehung gelenkt werden; zweitens könne man nicht die Meinung vertreten, alles, auch der menschliche freie Wille, sei streng determiniert; drittens dürfe man aber auch nicht behaupten, dass der göttliche Ratschluss durch menschliches Beten verändert werden könne. Die Herausforderung einer Theologie des Bittgebets sieht Thomas also darin, die »Nützlichkeit« (utilitas) des Gebets so zu bestimmen, dass weder dem menschlichen Willen seine Freiheit genommen wird noch der göttlichen Vorsehung ihre Unveränderlichkeit. Seiner Auffassung nach beten wir also nicht, um Gottes Willen zu ändern, sondern um das zu tun und wertzuschätzen, was seine Vorsehung bestimmt hat. Wir stimmen uns selber um, nicht Gott. Genau das heißt für Thomas, das Geziemende (decentia) zu erbitten.

Dürfen wir dann überhaupt etwas Konkretes von Gott erbitten, fragt Thomas im Artikel 5. Sokrates z.b. betete um nichts anderes als darum, Gutes zu empfangen, weil seiner Meinung nach allein die Götter wüssten, was ihm zum Guten dient. Thomas hält das für richtig, wo es um Dinge geht, die zum Bösen führen könnten. Doch gebe es sehr konkrete Dinge, die der Mensch nicht zum Bösen nützen könne. Diese seien immer zu erbitten, wie die Psalmen zeigen: »Zeige uns, Herr, dein Antlitz« (Ps 79,4) oder »Führe mich, Herr, auf dem Weg deiner Gebote« (Ps 118,35).

Schließlich fragt Thomas im Artikel 6, ob der Mensch zeitliche, d.h. irdische Güter erbitten dürfe. Wiederum antwortet er mit »ja« – unter der Bedingung, dass diese Güter zum Akt der Tugend dienen oder zum Lebenserhalt als dessen Voraussetzung. Erst der Artikel 9 zeigt, dass Thomas hier wie Kant an die Brotbitte des Vater Unser denkt.

Es ist klar zu erkennen, dass Thomas und Kant in ihrer Auffassung vom Bittgebet nicht weit auseinanderliegen.[24] Das ist auf Grund des starken Vernunftanspruchs, den beide an den Glauben stellen, eigentlich auch nicht verwunderlich. Wird eine vernünftige Interpretation des Bittgebets gefordert, schränken sich die Spielräume ganz von selbst erheblich ein. Umso dringender stellt sich dann aber die Frage: Wie soll es möglich sein, zu beten, ohne eine »Wirkung« jenseits der Autosuggestion anzunehmen? Ist Beten dann nicht zwecklos?

---

[24] Bestenfalls das ausdrückliche Beten als Erinnerung an den Geist des Gebets würde Thomas vermutlich positiver werten als Kant.

9.2 Um alles bitten und es erhalten. Das biblische Zeugnis

Schauen wir zunächst auf das biblische Zeugnis, v.a. in den Evangelien: Auf der einen Seite gibt es eine ungeheure Fülle klarer Zusicherungen Jesu, dass wir alles erhalten werden, worum wir bitten:

– Mt 7,7–11 par Lk 11,9–13:»Bittet, dann wird euch gegeben; sucht, dann werdet ihr finden; klopft an, dann wird euch geöffnet. Denn wer bittet, der empfängt; wer sucht, der findet; und wer anklopft, dem wird geöffnet. Oder ist einer unter euch, der seinem Sohn einen Stein gibt, wenn er um Brot bittet, oder eine Schlange, wenn er um einen Fisch bittet? Wenn nun schon ihr, die ihr böse seid, euren Kindern gebt, was gut ist, wie viel mehr wird euer Vater im Himmel denen Gutes geben, die ihn bitten.«
– Mt 21,22:»Und alles, was ihr im Gebet erbittet, werdet ihr erhalten, wenn ihr glaubt.«
– Mk 11,24:»Darum sage ich euch: Alles, worum ihr betet und bittet – glaubt nur, dass ihr es schon erhalten habt, dann wird es euch zuteil.«
– Joh 14,13f:»Alles, um was ihr in meinem Namen bittet, werde ich tun, damit der Vater im Sohn verherrlicht wird. Wenn ihr mich um etwas in meinem Namen bittet, werde ich es tun.«
– Joh 15,7:»Wenn ihr in mir bleibt und wenn meine Worte in euch bleiben, dann bittet um alles, was ihr wollt: Ihr werdet es erhalten.«
– Joh 15,16:»Dann wird euch der Vater alles geben, um was ihr ihn in meinem Namen bittet.«
– Joh 16,24:»Bittet, und ihr werdet empfangen, damit eure Freude vollkommen ist.«

Auf der anderen Seite gibt es deutliche Hinweise darauf, dass Gottes Wille entscheidend ist und nicht die menschlichen Wünsche:

– Mt 6,7f par Lk 12,30:»Wenn ihr betet, sollt ihr nicht plappern wie die Heiden, die meinen, sie werden nur erhört, wenn sie viele Worte machen. Macht es nicht wie sie; denn euer Vater weiß, was ihr braucht, noch ehe ihr ihn bittet.«
– Mk 14,36 par Mt 26,39 par Lk 22,42:»Er sprach: Abba, Vater, alles ist dir möglich. Nimm diesen Kelch von mir! Aber nicht, was ich will, sondern was du willst (soll geschehen).«
– Mt 6,10:»dein Wille geschehe.«

Lassen sich diese scheinbar einander widersprechenden Aussagen miteinander versöhnen? Und wenn ja, wie können wir dann das Bittgebet verstehen und praktizieren?

9.3 Eine Entgegnung aus der Perspektive Gottes (Karl Rahner)

Nach Karl Rahner (1949, 78–94) gibt es zwei grundsätzliche Einwände gegen das Bittgebet: Nach dem ersten ist Beten zwecklos, weil Gott nicht in die Welt eingreift; nach dem zweiten ist nur das Gebet »für die hohen Güter der Seele« sinnvoll (Karl Rahner 1949, 82). Es sind die klassischen Einwände sowohl des Thomas von Aquin als auch des Immanuel Kant. Dennoch hält Rahner beide Einwände für fatal, denn: »Nach dem ersten bleibt eigentlich der Mensch endgültig auf der Erde allein und verbietet sich die Hoffnung auf die Hilfe des Himmels in dieser Welt, nach dem andern gibt der Mensch die Erde von vornherein und kampflos preis und flüchtet sich in den Himmel« (Karl Rahner 1949, 83).

Um dem Dilemma zu entkommen, vollzieht Rahner einen Kunstgriff und überlegt, was *Gott* darauf antworten könnte. Drei Impulse schreibt er schließlich Gott zu:

1) Wer bist du, Mensch, dass du mit Gott rechten, ihn begreifen willst?

2) Ich, Gott, habe selbst im Gebet Jesu dein Schreien zu meinem gemacht (Hebr 5,7).

3) Jesus lehrt dich am Ölberg realistisch und das heißt menschlich zu beten. Er betet durchaus um irdische Güter, voll Zuversicht, aber zugleich in bedingungsloser Ergebung. Jesus betet also ganz menschlich und ganz göttlich.

Und Rahner schließt: »Wer versteht diese Apologie des Bittgebets? Nur wer betet« (Karl Rahner 1949, 93).

Rahner versucht hier eine Entkräftung der Einwände gegen das Bittgebet aus der Sicht Gottes. Das ist durchaus legitim. Und seine drei Impulse brauchen nicht bestritten werden. Eine wirkliche Begründung des Gebets um konkrete irdische Güter oder ein neues Verständnis des Bittgebets öffnet Rahner damit aber nicht.

9.4 Beten ja, aber nicht um etwas Konkretes?

In einer Debatte des Jahres 1978, die ursprünglich in der Tübinger Theologischen Quartalschrift geführt und dann in einem eigenen Sammelband ausgeweitet und vertieft wurde, präzisiert der Philosoph *Anselm Hertz OP* die bereits von Thomas und Kant bekannten Argumente folgendermaßen (Anselm Hertz, Zur Problematik des Bittgebets, in: Gisbert Greshake/Gerhard Lohfink [Hg.] 1978, 10–18): Worum darf der Mensch bitten? Hier antwortet Hertz mit Thomas: Um das Angemessene (decens), d. h. in der Linie der Stoa um das der Natur Gemäße, ihr Entsprechende, also um die zum Leben und zur Erfüllung der natürlichen Strebungen nötigen Dinge. Nach Thomas soll (!) der Mensch sogar um diese bitten – sofern sie zum Heil nötig sind. Aber, entgegnet Hertz, wer weiß schon, was für ihn zum Heil nötig ist? Angesichts des menschlichen Nichtwissens empfiehlt es sich, lieber um gar nichts Konkretes zu bitten.

Erfüllt Gott unsere Bitten? Und wenn nein, warum nicht? Solche Fragen münden letztlich immer in die Theodizee-Frage: Denn warum erfüllt Gott im einen Fall die Bitten und im anderen nicht? Warum erhält der eine Landwirt eine gute Ernte und der andere einen vernichtenden Hagelschauer, obwohl beide den Wettersegen gebetet haben? Hertz stellt diesbezüglich die These auf, die christliche Praxis des Bittgebets sei zu stark neoplatonisch und stoisch beeinflusst: Gott werde als »eine Art Schicksal oder … reines Willenssubjekt« verstanden (Anselm Hertz 1978, 18). Wer aber mit diesem Verständnis zu Gott bete, müsse früher oder später enttäuscht werden.

In seiner Antwort auf Hertz erwidert *Gisbert Greshake* (Gisbert Greshake, Grundlagen einer Theologie des Bittgebets, in: Gisbert Greshake/Gerhard Lohfink [Hg.] 1978, 32–53): Auf der Grundlage der gesamten biblischen Überlieferung könne Gott nicht anders denn als geschichtsmächtig verstanden werden. Er handle wirklich. Kant hingegen verstehe Beten als Sprechen zu einem Lückenbüßergott. So werde das Gebet »radikal uminterpretiert« zu einer »Selbstreflexion des Menschen« (Gisbert Greshake 1978, 35). Das sei aus christlicher Perspektive nicht akzeptabel. Das Problem ortet Greshake in dem dahinterliegenden Bild von Gott als einer Ursache, die mit innerweltlichen Ursachen konkurriere – und das sei Konsequenz einer Metaphysik, die nicht durch die Bibel korrigiert worden sei. Denn nach biblischem Verständnis gelte: »Ohne dass Gott konkurrierend und mit seiner Allmacht erdrückend in das Ursachengeflecht der Welt eingreift, liegt alles Geschehen in der Hand Gottes« (Gisbert Greshake 1978, 45; vgl. auch Christoph Böttigheimer 2011, 436).

Das christliche Bittgebet versteht Greshake daher anders als Thomas und erst recht anders als Kant als ein Gebet um die Ostererfahrung in Todessituationen. Betende sollen in ihren Nöten darum beten, dass sie darin (!) das befreiende Handeln Gottes erfahren dürfen. Weil aber in aller (!) Not etwas von der österlichen Herrlichkeit aufscheint – der Glaubende muss es nur wahrnehmen –, ist jedes (!) Gebet ein von Gott erhörtes Gebet (Gisbert Greshake 1978, 48). Natürlich, so Greshake, müsse der Betende mit Enttäuschungen und einer scheinbaren »Nichterhörung« seines Gebets rechnen. »Auf der anderen Seite jedoch bleibt bestehen, dass der Beter auf konkrete Fragmente und Zeichen der Auferstehung wartet in der Hoffnung, dass Gott fähig und bereit ist, seiner konkreten Not Einhalt zu gebieten oder vor ihr zu bewahren, dass er bereit ist, jetzt schon seine Verheißungen im Vorschein konkret werden zu lassen ... Solche Gebetserhörungen können sehr verborgen sein und ... die Gestalt des Wunders annehmen, ... das alle Erwartungen, alles Überschaubare und Verfügbare durchbricht ... In diesem Sinn darf der Betende durchaus auch – wie mir scheint – ›mit einem punktuellen Eingreifen Gottes in die Individual- und Universalgeschichte‹ rechnen« (Gisbert Greshake 1978, 51f, gegen Hans Schaller, der das im selben Band verneint).

9.5 Beten um Zeichen der Auferstehung. Erkenntnistheoretische Vertiefung

Mit seiner Unterscheidung von einem wirkursächlichen Eingreifen Gottes in den objektiven Lauf der Dinge, das Greshake ablehnt, und dem Geschenk einer subjektiven, geglaubten Ostererfahrung, das Greshake postuliert, gibt er der Debatte eine neue Wendung. Sein Ansatz ist gut. Doch die letzte Klarheit erreichen seine Ausführungen noch nicht. Das kann nur in einer erkenntnistheoretischen Fundierung und Aufklärung gelingen. In einem solchen Kontext ist aber zu unterscheiden zwischen »subjektiven« Erfahrungen des betroffenen Teilnehmers aus der Erste-Person-Perspektive und »objektiven« Erkenntnissen des unbeteiligten Beobachters aus der Dritte-Person-Perspektive (vgl. Michael Rosenberger 2006, 224–245):

– Ein durch das Bittgebet ausgelöstes Eingreifen Gottes in die Welt im Sinne einer innerweltlichen Wirkursache würde das Wirken Gottes als ein *empirisches Faktum aus der Dritte-Person-Perspektive* betrachten. So ist aber das Wirken Gottes nicht zu verstehen – darin ist Greshake recht zu geben. Gott wirkt im Sinne des alles tragenden Grundes, ist aber keine Wirkursache.

– Ein durch das Bittgebet wahrgenommenes oder erhofftes Wirken Gottes in der Welt im Sinne der Ermöglichung einer Ostererfahrung, eines Wunders im eigentlichen Sinne, d.h. einer Erfahrung, über die Glaubende staunen, versteht Gottes Wirken als eine *transempirische Deutung der Wirklichkeit aus der Erste-Person-Perspektive*. Nach dieser Glaubensdeutung greift Gott immer und überall in die Welt ein – er ist da, gegenwärtig und handelnd. Der glaubende Mensch erfährt ein Ereignis als österlich, Leben schaffend – das ist seine ureigene Deutung. In allem, was geschieht, kann er Gottes Spuren erkennen – alles wird für ihn potenziell zur Ostererfahrung und zur Gotteserfahrung.

Versuche, jenseits psychischer Prozesse eine objektive Wirkung des Betens empirisch nachzuweisen, verfehlen das Eigentliche. Denn empirisch feststellbare Wirkungen sind eine Sache der Dritte-Person-Perspektive des unbeteiligten Beobachters. Aus dieser Perspektive lässt sich aber bestenfalls eine psychische Wirkung auf beteiligte Personen feststellen: auf den Betenden; auf jene, die ihn fasziniert, beeindruckt oder auch verständnislos beobachten; oder auf jene, die von ihm und seinem Beten wissen, weil er ihnen das fürbittende Gebet versprochen hat. Eine solche Wirkung lässt sich ganz ohne Gott erklären.

Auf empirisch nachweisbare Weise greift Gott nicht in den Weltlauf ein: In diesem Sinne bleibt das Ölberggebet Jesu unerhört: Der Kelch des Leidens geht nicht an ihm vorüber. Und doch hat Gott Jesus, so sagen die Evangelien, in seinem Leiden angenommen und ihm Kraft zur Treue bis zum letzten Atemzug gegeben. Das Bittgebet lässt sich also nur aus der Erste-Person-Perspektive verstehen: »Die Sinnhaftigkeit des Bittgebets erschließt sich nicht dem, der in einer rein theoretischen Distanz zu ihm verbleibt« (Gisbert Greshake 1978, 52). Worum also dürfen oder sollen Betende bitten? Zuerst einmal darum, dass die Herrschaft Gottes sich ausbreitet und von den Menschen angenommen wird: »Euch aber muss es zuerst um sein Reich und um seine Gerechtigkeit gehen; dann wird euch alles andere dazugegeben« (Mt 6,33). Zu Recht steht also die Vater-Unser-Bitte »Dein Reich komme« am Anfang. Dabei sind »Reich Gottes« und »Gerechtigkeit« nichts anderes als die biblischen Begriffe für das »Geziemende« (Thomas) oder die »Moralität« (Kant).

Zu diesem auch aus der Perspektive des unbeteiligten Beobachters (Dritte Person) ethisch und philosophisch erklärbaren Gebetsanliegen kommt aber in der Perspektive des gläubigen Beteiligten (Erste Person) eine theologisch-spirituelle Tiefendimension hinzu, die über die reine Vernunftüberlegung hinausreicht: »Sinn des Bittgebets ist es, die eigene Bedürftigkeit mit den Augen Gottes anzuschauen und Gottes Geisteskraft für ihre Bewältigung zu erbitten« (Reinhold Bernhardt, in: Hansjörg Schmid/Andreas Renz/Jutta Sperber [Hg.] 2006, 109). In diesem Sinne können Bitten in der Not durchaus sehr konkret sein – solange sie eingebunden bleiben in die vertrauende Hingabe des Beters an den geheimnisvollen Gott und seine Pläne. Die eigentliche Bitte ist in der Tat die um Trost in der Trauer, eine neue Perspektive in der Ausweglosigkeit, Kraft im Leiden und Mut in der Lähmung. Das tiefste Innere des Bittgebets ist die Bitte um Glaube, Hoffnung und Liebe.

9.6 Zwecklos? Ja, zweckfrei! Aber nicht sinnlos!

In dieser neueren Interpretation ist das Bittgebet die Selbstübereignung des notleidenden und hilfsbedürftigen Menschen an Gott – in einer konkreten Situation, die im Gebet angesprochen wird. Im Akt der Selbstübereignung liegt dabei ein transzendentales, die kategoriale Situation überschreitendes Moment. Denn die Selbstübereignung geschieht total – der Mensch übereignet sich ganz bzw. als Ganzer – und vorbehaltlos – die Übereignung steht nicht unter einer Bedingung. Daher ist auch das Bittgebet ein hoher Ausdruck von Glaube, Hoffnung und Liebe.

Ein solches Gebet kann aber gar nicht anders als zweckfrei sein – sonst wäre es Mittel zu etwas und keine Liebesgabe. Doch »zweckfrei« bedeutet nicht »zwecklos« oder gar »sinnlos«. Gerade im Zweckfreien eröffnet sich die Möglichkeit auf Sinn und Erfüllung. Ließe sich ein »Nutzen« des Gebets objektiv empirisch nachweisen, wäre das Gebet kein Ausdruck von Glaube, Hoffnung und Liebe mehr. Es würde zum Handel degenerieren – und genau das wäre seine Perversion.

Das Gebet ist nicht »nützlich« im objektiven, empirisch nachweisbaren Sinne. Aber gerade so tut es dem gut, der glaubt. Mit dem Gebet ist es wie mit der Liebe, von der Erich Fried in seinem berühmten Gedicht sagt: »Es ist, was es ist.«

Was es ist

Es ist Unsinn
sagt die Vernunft
Es ist was es ist
sagt die Liebe

Es ist Unglück
sagt die Berechnung
Es ist nichts als Schmerz
sagt die Angst
Es ist aussichtslos
sagt die Einsicht
Es ist was es ist
sagt die Liebe

Es ist lächerlich
sagt der Stolz
Es ist leichtsinnig
sagt die Vorsicht
Es ist unmöglich
sagt die Erfahrung
Es ist was es ist
sagt die Liebe

(Erich Fried 1996, Es ist was es ist. Liebesgedichte, Angstgedichte, Zorngedichte, © Verlag Klaus Wagenbach, Berlin 1983)

10. Wer und was uns zu beten lehrt

Mystagogik des Gebets

Sprache der Zukunft

Auch ich kann nicht beten.
Ich glaube, man sieht uns allen an, dass wir nicht beten können.
Man sieht es auch denen an, die weiterhin beten oder zu beten
meinen.
Dennoch kann ich mir die Sprache einer besseren Zukunft
Nicht vorstellen ohne etwas wie Gebet.
(Kurt Marti 1979, Zärtlichkeit und Schmerz, Darmstadt, 117)

In diesem pointierten Gedicht thematisiert Kurt Marti eine heutzutage weit verbreitete Not: Die Not, nicht (mehr) beten zu können.
»Man sieht [sie] uns allen an«, sagt Marti, sogar den Betenden. Viele
ZeitgenossInnen erfahren das wie Marti als Verlust: »Die Sprache einer besseren Zukunft« ist für sie undenkbar ohne das Gebet. Sie sind
überzeugt: Es braucht das hörbare, sichtbare, erlebbare Beten einiger,
damit die Sprache der Gesellschaft nicht um eine zentrale Dimension
verarmt. Und dabei muss man nicht notwendig an in Worten und Sät-
zen gesprochene Gebete denken. Die »Sprache der Gesellschaft« umfasst wie die Gebetssprache auch die Sprache der Gesten und Gebärden, der Zeichen und Symbole, des Schweigens und der Sammlung.
Martis Gedicht zielt also auf das Gebet in der weiten Definition einer
»bewussten ganzheitlichen Begegnung mit dem Geheimnis« (s.o.
Kap. 1.2). Wenn die Sprache des Gebets verloren geht, dann entglei-
tet uns jene Ausdrucksmöglichkeit, die den Menschen an das Geheimnis heranführt. Das Leben verliert sein Geheimnis, es wird schal,
oberflächlich und leer.
Damit Menschen beten können, müssen sie jedoch in eine »Schule des
Gebets« gehen, und das im doppelten Sinne des Genitivus subiectivus
und des Genitivus obiectivus: Das Gebet lehrt uns, ist selber ein
Lehrmeister für das Leben – es will aber auch gelernt werden, ist ein
Lehrgegenstand. Was und wer aber lehren uns heute beten? Mit welchen Mitteln und welchen Methoden? Das sind die Fragen der Mystagogik. Sie reflektiert die Mystagogie, die praktische Einführung eines Menschen in das Geheimnis des Glaubens.

Mystagogik: Die wissenschaftliche Reflexion der Mystagogie, der Einführung eines Menschen in das Geheimnis des Glaubens (beruhend auf dem griechischen Begriff μυσταγωγέω erstmals verwendet bei Klemens von Alexandrien und Origenes).

10.1 »Not lehrt beten«? Was uns zu beten lehrt

In einem Distichon illustriert Goethe ein uraltes Sprichwort folgendermaßen:

»Not lehrt beten, man sagt's; will einer es lernen, er gehe
Nach Italien! Not findet der Fremde gewiß.«

(Johann Wolfgang von Goethe 1790, Venezianisches Epigramm 17)

Im armen, aber frommen Italien sieht Goethe während seiner Reise durch das Land das uralte Sprichwort »Not lehrt beten« trefflich bestätigt. Und in der Tat: Wie in jeder Volksweisheit steckt auch in dieser sicher ein wahrer Kern: Studierende und SchülerInnen beten vor einer Prüfung, Sportfans vor einem Wettkampf, Soldaten vor einer Schlacht. Auch die weit verbreitete Praxis des Betens für Verstorbene macht auf eine Not aufmerksam – die Unsicherheit, ob der Angehörige »in den Himmel kommt«, ob er also nach dem Tod in irgendeiner Weise weiterexistiert. Schon diese Beispiele machen aber deutlich, dass es oft nicht um materielle, sondern um geistige, spirituelle Nöte geht. Noch deutlicher wird das, wenn wir wahrnehmen, dass im deutschen Sprachraum der höchste Kirchenbesuch des 20. Jh. zu Anfang der 1960er Jahre zu verzeichnen war. Nicht der Krieg war die schlimmste Not, die die Menschen erlebten, sondern die Orientierungskrise nach dem Krieg, da sich jene Ideologien, die ihnen zwölf Jahre lang eingehämmert worden waren, als Trug und Wahn erwiesen. In dieser geistig-moralischen Not suchten die Menschen das Gebet und den Gottesdienst mehr als während der Bombennächte des Kriegs oder in den Hungerszeiten danach.

Was sich durch diese punktuellen Anspielungen bereits abzeichnet, lässt sich auch empirisch nachweisen (Michael Blume 2011): Je geringer der Bevölkerungsanteil älterer Menschen und damit die durchschnittliche Lebenserwartung, je schlechter die ärztliche Versorgung und je höher die Kindersterblichkeit, je weniger entwickelt ein Land ist und je niedriger sein durchschnittliches Bruttoinlandsprodukt, je niedriger das Bildungsniveau, je höher die Einkommensungleichheit und je größer der Anteil der Kinder an der Gesamtbevölkerung, desto mehr wird gebetet. Zusammengefasst: Je entwickelter ein Land ist und je sozialer, desto weniger wird gebetet.

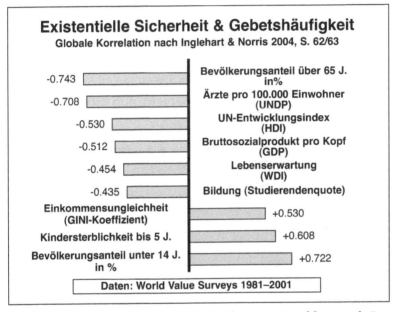

(Abbildung entnommen aus: Michael Blume 2011, Abb. 2 nach Ronald Inglehart/Pippa Norris 2004, Sacred and Secular. Religion and Politics Worldwide, Cambridge MA)

Sollen wir daraus den Schluss ziehen, dass wir die Armut und soziale Unsicherheit vermehren sollten, damit die Menschen mehr beten? Gewiss nicht! Anthropologisch betrachtet wäre das zynisch und absurd. Theologisch betrachtet wäre es kurzschlüssig: Not lehrt bestenfalls eine Form des Betens: das Bittgebet. Ob das dann aber in der Weise gebetet wird, wie es oben als die einzig verantwortbare Weise dargestellt wurde (s.o. Kap. 9), muss bezweifelt werden. Es besteht der begründete Verdacht, dass viele Menschen eher mit Gott handeln oder etwas ganz Bestimmtes von ihm erreichen wollen, als dass sie sich in ihrer Not wirklich in Gottes Hand übergeben. Wenn das zutrifft, dann beten sie gar nicht im eigentlichen Sinne. Dann ist ihr Beten abergläubisch oder magisch, aber kein Ausdruck von Glaube, Hoffnung und Liebe. Dann lehrt die Not gar nicht beten, sondern betteln. Das kann nicht Ziel reflektierter Mystagogie sein. Auf der anderen Seite ist der Wohlstand, für den das Dankgebet am besten geeignet wäre, aus sich selbst heraus ebenfalls kein guter Lehrmeister des Betens. Je besser es den Menschen einer Gesellschaft geht und je weniger soziale Unterschiede existieren, umso weniger beten sie. Obgleich Danksagung, griechisch ευχαριστια, die Mitte christlichen Betens und Feierns ist, fällt sie den Menschen offenbar weit schwerer als das »Betteln«.

Das könnte nun v.a. eines bedeuten: *Situationen allein lehren das wahre Beten nicht.* Es braucht dazu die Anleitung von Menschen, die mit dem Geheimnis vertraut sind, die es erspürt haben und mit ihm in Berührung sind. Dennoch mögen bestimmte Erfahrungen des Lebens mehr geeignet sein, um Menschen in das Geheimnis einzuführen. Nicht aus empirisch-soziologischen Gründen, sondern aus anthropologischen und theologischen Gründen. Und hier möchte ich die These aufstellen: Mehr als Erfahrungen der Not und der Orientierungslosigkeit eignen sich dazu Erfahrungen der Freude und des erfüllten Lebens. Denn aus theologischen Gründen sollte die Mystagogie bei der Danksagung beginnen und nicht bei der Bitte – sonst bleibt das Gebet mit großer Wahrscheinlichkeit vordergründig und utilitaristisch.

Damit ergibt sich immerhin eine *privilegierte Zeit* für den »Gebetsunterricht«: Mystagogie sollte am *Abend* eines Tages beginnen – im Abendgebet, das zum dankbaren Zurückschauen auf den Tag wird. Kinder erzählen ihren Tag gerne noch einmal nach und entdecken darin das besonders Wertvolle – und wenn Eltern das in einem Dankgebet zusammenfassen, lernt das Kind unmittelbar und zuerst die Urform des Betens, den Dank. Es entdeckt das Geheimnis Gottes in seinem jungen und doch schon so aufregenden Leben. Auch wenn es nur wenige Augenblicke des Glücks und der Zufriedenheit gab – es lohnt, an sie zu denken und für sie zu danken.

In einem zweiten Schritt kann das Kind ebenfalls am Abend die Bitte lernen – als vertrauensvollen Akt der Selbstübergabe in die Hand Gottes für die hereinbrechende Nacht. Kinder haben oft Angst vor dem Einschlafen, weil sie dabei die Kontrolle über das eigene Leben aus der Hand geben. Angstbilder von Bedrohungen aller Art prägen ihre Phantasie, gerade beim Dunkelwerden. Die Finsternis ist für sie unheimlich, und nicht selten müssen Eltern ein Licht eingeschaltet oder die Tür zum Gang geöffnet lassen, damit das Kind beruhigt ist. Wenn es in dieser Situation lernt, sich selbst dem Geheimnis Gottes anzuvertrauen, dann ist es bei ihm zuhause. Das Un-heim-liche der Nacht wird im Ge-heim-nis geborgen.

Das Bitten am Abend hat den Vorteil, dass es kaum ein gegenständliches Betteln werden kann. Denn anders als am Morgen oder während des Tages geht es am Abend nur um eines: gut zu schlafen, sanft und voll Vertrauen. Das aber ist dem ursprünglichen Sinn des Bittgebets als einer Selbstübergabe an Gott sehr nahe.

Lehrt Not beten? Ich bezweifle es. Aber auch keine andere Situation ist von sich aus Lehrerin im Beten. Stattdessen empfehle ich eine Zeit: Der Abend ist die Schulstunde des Gebets. Der Abend eines Tages. Der Abend eines Kalender- oder Lebensjahres. Der Abend des Lebens. LehrerIn aber muss ein Mensch aus Fleisch und Blut sein.

10.2 »Mutter-Sprache«. Wer uns zu beten lehrt

Eltern lehren ihr Kind von dem Moment an sprechen, da es im Mutterleib hören kann. Schon in den ersten Lebensmonaten kann das Kind die »Mutter«-Sprache von jeder Fremdsprache unterscheiden, wie NeurowissenschaftlerInnen herausgefunden haben.[25] Das geschieht anhand von Betonungsmustern und Wortmelodien, denn jede Sprache wird auf eine ihr eigene Weise »gesungen«. Das Kind kennt noch nicht die Wort- oder Satzbedeutungen, erst recht kann es noch nicht sprechen, reagiert aber trotzdem unterschiedlich auf verschiedene Sprachen.

Analog kann das Kind vermutlich auch die Gebetssprache schon bald von anderen Sprachspielen unterscheiden – wenn es sie hört. Denn Sprachmelodie, Betonungs- und Klangmuster des Gebets heben sich signifikant vom alltäglichen Sprechen der Menschen ab. Auch das Lernen des Betens beginnt damit schon im Mutterleib, in dem Moment, da der Hörsinn aktiviert wird.

Sprachkenntnis und Spracherwerb hängen wesentlich vom Hören ab. Der Mensch lernt Sprache vor allem am Vorbild – an Menschen, die

---

[25] Angela D. Friederici/Manuela Friedrich/Anne Christophe 2007, Brain responses in 4-month-old infants are already language specific, in: Current Biology 17, 1208–1211.

diese Sprache sprechen – und durch eigenes Ausprobieren und Üben. Das gilt auch für das Beten. Ein Kind, das seine Bezugspersonen beten hört, wird selber beten lernen. Wenn es die Gebetssprache aber nie vernimmt, bleibt es spirituell ein Kaspar Hauser. Die Mystagogie der Gebetsschule kann, ja sollte also schon vorgeburtlich beginnen, indem die Eltern laut beten. Auch nach der Geburt macht das Beten in Gegenwart des Kindes nicht erst dann Sinn, wenn es die Worte und Gesten verstehen kann, sondern vom ersten Moment an. Sein Verständnis für das Gebet kann nur wachsen, wenn die Vertrautheit mit diesem besonderen Sprachspiel bereits gegeben ist.

Es liegt auf der Hand: Die Unfähigkeit vieler moderner Menschen zu beten hat eine wesentliche Ursache in der mangelnden Gebetserziehung durch die *Eltern*. Wie beim Sprechen ganz allgemein braucht der Mensch auch für das Beten seine »Mutter«-Sprache oder »Vater«-Sprache. Er braucht das Vorbild betender Eltern, um organisch wie von selbst ein betender Mensch zu werden. Das setzt freilich voraus, dass die Eltern mit dem Kind nicht nur aus pädagogischen Gründen, sondern aus einer eigenen Glaubensüberzeugung (oder mindestens der Sehnsucht nach einer solchen) heraus beten. Sonst wird das Kind irgendwann den Eindruck gewinnen, dass Glaube »Kinderkram« und nicht wirklich ernst zu nehmen ist.

Es mag sein, dass Eltern Anleitung und Hilfe brauchen, um diese Verantwortung zu übernehmen – durch professionelle SeelsorgerInnen ebenso wie durch Literatur. Dennoch bleibt es zuerst und privilegiert ihre Aufgabe, das Kind in das Geheimnis Gottes hineinzuführen. Nur in zweiter Linie ist das Sache von *Priestern, ReligionslehrerInnen, Ordensgemeinschaften oder anderen RepräsentantInnen von »Mutter Kirche«*. Dennoch kommt auch diesen Personen große Verantwortung zu. Und das – wie bei den Eltern – weniger durch ihr Reden *über* das Beten als durch ihr Vorbild *im* Beten. Ist das den kirchlichen Hauptamtlichen eigentlich bewusst? Wie betet z.B. der Priester in der Liturgie? Nimmt er durch seine Haltung, seine Worte und seine Vortragsweise die Anwesenden hinein in sein Beten? Lässt er sie das Geheimnis spüren, in dessen Gegenwart er sich selber erfährt? Gibt er auch der Stille und dem schweigenden Hören Raum?

Ziel liturgischen Vorbetens muss es sein, so zu beten, dass die Gemeinde wie von selbst mitbetet, dass sie ganz selbstverständlich die Gegenwart Gottes spürt. Zugegeben, dazu sind die Texte der liturgischen Bücher oft nicht geeignet. Aber ebenso oft fehlt es an einem achtsamen, lebendigen und wahrhaft mystagogischen Vorbeten der LiturgInnen. Wir in der Kirche dürfen uns nicht wundern, wenn heute so wenige Menschen beten. Denn wir geben ihnen kein gutes Beispiel. Umgekehrt strahlen Kommunitäten, die wahrhaft geisterfüllt beten wie z.b. die Mönchsgemeinschaft von Taizé, weit über die Grenzen ihrer Klostermauern aus. Wo das Geheimnis spürbar ist, werden Menschen angezogen.[26] Schon immer hatten Medien eine hohe Autorität. Früher waren es die Bilder in den Kirchen und die Erzählungen der Bibel und der Heiligen, heute sind es oft elektronische Weiterentwicklungen derselben. Das *mediale Vorbild* eines Betenden schlechthin ist im christlichen Kontext natürlich *Jesus.* Wiederum gilt: Nicht was er betet, ist entscheidend, sondern wie er betet. Was er betet, erzählen die Evangelien jenseits des Vater Unsers nur selten. Wie er betet, wird hingegen erheblich breiter dargestellt. Wie er bei seiner Taufe durch Johannes betet; wie er sich an Abenden nach anstrengenden Tagen zum Beten zurückzieht (auch für ihn ist offenbar der Abend die wichtigste Schulstunde des Gebetsunterrichts); wie er die Kinder in die Arme nimmt und segnet; wie er auf dem Berg der Verklärung ins Gebet eintaucht; wie er am Ölberg seiner Verzweiflung Ausdruck gibt; wie er am Kreuz seinen Peinigern vergibt und mit einem Aufschrei zu Gott stirbt. So ist auch die in der Tradition der Spiritualität zentrale Szene vom Beten Jesu, sein Ölberggebet, mehr als Gestalt denn als Textvorlage für unser Beten wichtig.

Die Not ist es nicht, die Jesus das Beten lehrt. Das kann er schon viel früher und ohne Not. Aber in der Not bewährt sich sein Beten. Hier wird es auf seine schärfste Probe gestellt. Und er hält am Beten fest – bis zum Todesschrei am Kreuz.

Medien können kirchenfern sein und doch seriöse Vorbilder des Betens darstellen. Es erstaunt, dass in Film und Fernsehen Gebetsszenen weit öfter vorkommen als im Alltag der zusehenden Menschen. Manchmal sind solche Szenen trivial und platt und befördern ein magisches Verständnis vom Bittgebet, wie es hier abgelehnt wurde (s.o. Kap. 9). Manchmal aber enthalten Gebetsszenen in Spielfilmen großartige Einführungen in das Geheimnis. Die Kirche sollte sie aufgreifen und sich zu Herzen nehmen.

---

[26] Der Umkehrschluss »Wo Menschen angezogen werden, da wird das Geheimnis spürbar« ist allerdings illegitim. Es kann auch andere Gründe haben, warum sich Menschen von einer bestimmten Religiosität angezogen fühlen!

10.3 Gebetbücher. Lehrmittel des Betens

Ein kurzer Hinweis auf die »Lehrmittel« der Gebetsschule darf nicht fehlen: Es sind die vielfältigen Gebetbücher. Das älteste erhaltene ist wohl das Psalmenbuch, von dem schon die Rede war (s.o. Kap. 6.1). Es war das Gebetbuch Jesu und der meisten seiner jüdischen ZeitgenossInnen. Bis heute ist es ein ausdrucksstarker und vielfältiger Gebetsschatz. Auch andere biblische Gebete bzw. Sammlungen solcher können Lehrmittel Betender sein. Orden, geistliche Bewegungen und kirchliche Verbände haben meist ein schriftlich festgehaltenes Repertoire spezifischer Gebete, die sie miteinander pflegen. Kirchliche Gesangbücher enthalten in der Regel nicht nur Lieder, die Gebete sind (s.o. Kap. 7.5), sondern auch Gebete zum gesprochenen Beten und Impulse für die Meditation. Und natürlich gibt es im Buchhandel nicht wenige zeitgenössische Gebetssammlungen, die als Schulung und Hilfestellung beim Beten dienen können.

Mit Gebetbüchern ist es aber wie mit Schulbüchern allgemein: Zur Hilfe werden sie nur bei regelmäßiger Benutzung. Wenn sie im Schrank verstauben, haben sie wenig Sinn. Außerdem bieten sie Hilfe und Anregung, beanspruchen aber keine Vollständigkeit oder Ausschließlichkeit. Wer Gebete aus Gebetbüchern liest und betet, soll angeregt werden zum Beten mit eigenen Worten und Gesten. Wie der Schüler irgendwann das Schulbuch nicht mehr braucht, so soll der Betende irgendwann weitgehend frei werden von Gebetbüchern – weil er die Gebete auswendig gelernt hat, die ihm besonders kostbar sind, und weil er die Gebetssprache so gut beherrscht, dass er freie Gebete formulieren kann.

10.4 »Übung macht den Meister«. Wie wir zu beten lernen

Beten zu können ist letztlich ein Geschenk, das wir empfangen (s.o. Kap. 3.2). Gottes Geist ergreift uns und betet in uns. Aber an uns liegt es, ihm den Weg zu bereiten: »Die Gnade setzt die Natur voraus«, sagt ein altes scholastisches Axiom. Wer es nicht einübt, sich für den Geist Gottes verfügbar zu machen, wird von ihm nicht ergriffen werden. Aus diesem Grund ist Beten auch eine Übungssache. Ohne Ein-Üben lernt man das Beten nicht. Und ohne beständiges Aus-Üben wird man die erlernte Gebetspraxis wieder verlieren.

Ignatius von Loyola nennt das, was er den Menschen empfiehlt, »geistliche Übungen« und vergleicht diese ausdrücklich mit den Übungen des Körpers, um sportlich fit zu bleiben (EB 1). Der Grund für die Notwendigkeit ständigen Übens ist die Leiblichkeit des Menschen. Geistige wie körperliche Aktivitäten des Menschen vollziehen sich leibhaftig und brauchen das permanente Exerzieren. Übung macht also den geistlichen Meister.

11. Im Geheimnis geborgen. Ein Epilog

Beten ist zweifellos eine der größten kulturellen Errungenschaften der Menschheitsgeschichte. Das wird selbst ein Atheist anerkennen müssen. Denn im Gebet werden – richtig verstanden – enorme humane Potenziale erschlossen, die sonst leicht verkümmern. Dennoch ist das Gebet kein Automat, der diese Humanität von selber produzieren würde. Das gelingt vielmehr nur unter der Voraussetzung einer sorgfältigen und aufmerksamen Gebetskultur. Erst durch sie wird Beten ein Akt der Treue zu sich selbst, des ganzheitlichen Bei-sich-Seins und Zuhause-Seins, der innerlichen Sammlung und Aufmerksamkeit; und so auch der Geborgenheit in Gott, wie Martin Gutl formuliert:

Sei deiner Tiefe treu!
Lauf nicht fort von dir!
Bleib bei dir in allen Zeiten.
Sei ganz du und sei es gern!
Geh zu dir nach Hause.
Warte und horche!
Sammle dich!
Zerstreu dich nicht!
Sei deiner Tiefe treu!
So wird sich Gott
in dir halten können.

(Martin Gutl, © Karl Mittlinger)

Literaturverzeichnis

Quellen

Guigo II. der Kartäuser 1970, L'échelle des moines, Paris.

Ignatius von Loyola 1983[6], Geistliche Übungen, Freiburg i.Br. (= Exerzitienbuch = EB).

Johannes vom Kreuz 1995, Die dunkle Nacht, Freiburg i.Br.

Mechthild von Magdeburg 1995, Das fließende Licht der Gottheit, Stuttgart-Bad Cannstatt.

Emmanuel Jungclaussen (Hg.) 1974, Aufrichtige Erzählungen eines russischen Pilgers, Freiburg i.Br.

Friedrich Ohly (Hg.) 1998, Das St. Trudperter Hohelied. Eine Lehre der liebenden Gotteserkenntnis, Frankfurt a.M.

Allgemeine Literatur

Vincent Brümmer 1985, Was tun wir, wenn wir beten? Eine philosophische Untersuchung, Marburg.

Bernhard Casper 1998, Das Ereignis des Betens. Grundlinien einer Hermeneutik des religiösen Geschehens, Freiburg i.Br./München.

Klaus Demmer 1989, Gebet, das zur Tat wird, Freiburg i.Br.

Hans-Werner Gensichen u.a. 1995, Gebet, in: Lexikon für Theologie und Kirche 4, 308–320.

Eberhard Jüngel 1990, Was heißt beten? in: Ders., Wertlose Wahrheit, Tübingen, 397–407.

Christoph Klein 2004, Das grenzüberschreitende Gebet. Zugänge zum Beten in unserer Zeit, Göttingen.

Willi Lambert/Melanie Wolfers (Hg.) 2005, Dein Angesicht will ich suchen. Sinn und Gestalt christlichen Betens, Freiburg i.Br.

Gerhard Lohfink 2010, Beten schenkt Heimat. Theologie und Praxis des christlichen Gebets, Freiburg i.Br.

Dorothee Mann 1998, Du bist mein Atem, wenn ich zu dir bete. Elemente einer christlichen Theologie des Gebets, Würzburg.

Richard Mössinger 1986, Zur Lehre des christlichen Gebets, Göttingen.

Karl Rahner 1949, Von der Not und dem Segen des Gebets, Innsbruck.

Andreas Renz/Hansjörg Schmid/Jutta Sperber (Hg.) 2006, »Im Namen Gottes ...«. Theologie und Praxis des Gebets in Christentum und Islam, Regensburg.

Manfred Rohloff 2008, Beten ist mehr als Reden mit Gott, Neukirchen-Vluyn.

Elmar Salmann/Joachim Hake (Hg.) 2000, Die Vernunft ins Gebet nehmen. Philosophisch-theologische Betrachtungen, Stuttgart.
Richard Schaeffler 1988, Kleine Sprachlehre des Gebets, Einsiedeln/Trier.
Richard Schaeffler 1989, Das Gebet und das Argument – zwei Weisen des Sprechens von Gott. Eine Einführung in die Theorie der religiösen Sprache, Düsseldorf.
Josef Sudbrack 1973, Beten ist menschlich. Aus der Erfahrung unseres Lebens mit Gott sprechen, Freiburg i.Br.
Ferdinand Ulrich 1973, Gebet als geschöpflicher Grundakt, Einsiedeln/Trier.

Spezielle Literatur

Zu Einführung: Scheinbar völlig nebensächlich?

Karl Rahner 1960, Geheimnis, in: Lexikon für Theologie und Kirche[2] 4, 593–597; Karl Rahner 1962, Über den Begriff des Geheimnisses in der katholischen Theologie, in: Ders., Schriften zur Theologie 4, 51–99; Karl Rahner 1967, Geheimnis, in: Sacramentum Mundi 2, 189–196.

Zu 1. Theologie des Gebets und Theologie der Spiritualität. Zur Fragestellung und zum Fach
Hans Urs von Balthasar 1965, Das Evangelium als Norm und Kritik aller Spiritualität, in: Concilium (D) 1, 715–722; Corinna Dahlgrün 2009, Christliche Spiritualität, Berlin; Bernhard Fraling 1970, Überlegungen zum Begriff der Spiritualität: Zeitschrift für katholische Theologie 92, 183–198; Gisbert Greshake 2005, Beten im Angesicht des drei-einen Gottes, in: Willi Lambert/Melanie Wolfers (Hg.) 2005, Dein Angesicht will ich suchen. Sinn und Gestalt christlichen Betens, Freiburg i.Br., 48–63; Gisbert Greshake 2009, ... wie man in der Welt leben soll. Grundfragen christlicher Spiritualität, Würzburg; Christian Kanzian (Hg.) 1998, Gott finden in allen Dingen, Innsbruck; Erwin Möde (Hg.) 2007, Theologie der Spiritualität – Spiritualität der Theologie(n), Regensburg; Simon Peng-Keller 2010, Einführung in die Theologie der Spiritualität, Darmstadt; Simon Peng-Keller 2011, Hermeneutik des geistlichen Lebens, in: Geist und Leben 84, 236–249; Carl Heinz Ratschow 1984, Gebet I., in: Theologische Realenzyklopädie 12, 31–34; Andreas Renz/Hansjörg Schmid/Jutta Sperber (Hg.) 2006, »Im Namen Gottes ...«. Theologie und Praxis des Gebets in Christentum und Islam, Regensburg; Michael Rosenberger 1996, Der Weg des Lebens, Regensburg, 11–15.173–177; Michael Rosenberger 2001[1]/2008[2], Spiritualität, in: Ders., Im Zeichen des Lebensbaums. Ein theologisches Lexikon der christlichen Schöpfungsspiritualität, Würzburg, 135–138; Christian Schütz u.a. 1988, Spiritualität, in: Praktisches Lexikon der Spiritualität, 1170–1215; Marianne Schlosser 2011, Theologie der Spiritualität, in: Geist und Leben 84, 228–235; Aimé Solignac/Michel Dupuy 1990, Spiritualité: Dictionnaire de Spiritualité 14, 1142–1173; Josef Sudbrack 1969,

Spiritualität: Sacramentum Mundi 4, 674–691; Josef Sudbrack 1999, Gottes Geist ist konkret. Spiritualität im christlichen Kontext, Würzburg; Josef Sudbrack u.a. 2000, Spiritualität: Lexikon für Theologie und Kirche 9, 852–860; Kees Waaijman 2000, Einführung in die Theologie der Spiritualität, Münster; Josef Weismayer 1990, Spiritualität: Neues Lexikon der christlichen Moral, 711–718; Peter Zimmerling 2003, Evangelische Spiritualität, Göttingen.

Zu 2. Jenseits von Selbstsucht und Selbstflucht. Beten als Sich-Hineinstellen in das Geheimnis des Lebens (Anthropologie des Gebets)
John Langshaw Austin 1975, Ein Plädoyer für Entschuldigungen, in: Wort und Bedeutung. Philosophische Aufsätze, München, 177–212; Vincent Brümmer 1985, Was tun wir, wenn wir beten? Marburg, 17–28; Arthur Coleman Danto 1985, Narration and Knowledge, New York; Anselm Grün 1979, Gebet und Selbsterkenntnis, Münsterschwarzach; Andreas Knapp 2005, Von der Dynamik christlichen Betens. Das Gebet als Befreiung von Selbstsucht und Selbstflucht, in: Willi Lambert/Melanie Wolfers (Hg.) 2005, Dein Angesicht will ich suchen. Sinn und Gestalt christlichen Betens, Freiburg i.Br. 22–34; Karl Rahner 1949, Von der Not und dem Segen des Gebets, Innsbruck; Richard Schaeffler 1988, Kleine Sprachlehre des Gebets, Einsiedeln/Trier; Richard Schaeffler 1989, Das Gebet und das Argument – zwei Weisen des Sprechens von Gott. Eine Einführung in die Theorie der religiösen Sprache, Düsseldorf; Josef Sudbrack 1973, Beten ist menschlich. Aus der Erfahrung unseres Lebens mit Gott sprechen, Freiburg i.Br., 145–151.

Zu 3. Mit Gott reden? Beten als Sich-Hineinstellen in das Geheimnis des anderen (Dogmatik des Gebets)
Gisbert Greshake 2005, Beten im Angesicht des drei-einen Gottes, in: Willi Lambert/Melanie Wolfers (Hg.) 2005, Dein Angesicht will ich suchen. Sinn und Gestalt christlichen Betens, Freiburg i.Br., 48–63; Gerd Haeffner 1982, Die Philosophie vor dem Phänomen des Gebets, in: Theologie und Philosophie 57, 526–549; Frank Houdek 2011, Die Grenzen des ignatianischen Gebets, in: Geist und Leben 84, 294–305; Christoph Klein 2004, Das grenzüberschreitende Gebet. Zugänge zum Beten in unserer Zeit, Göttingen, 67–78; Dorothee Mann 1998, Du bist mein Atem, wenn ich zu dir bete. Elemente einer christlichen Theologie des Gebets, Würzburg, 63–95; Helmut Merklein 1989, Jesu Botschaft von der Gottesherrschaft, Stuttgart, 59–62; Christoph Niemand 2007, Jesus und sein Weg zum Kreuz. Ein historisch-rekonstruktives und theologisches Modellbild, Stuttgart, 73–86; Raimon Panikkar 1993, Trinität, München; Karl Rahner 1949, Von der Not und dem Segen des Gebets, Innsbruck, 9–43; Karl Rahner 1956, Die ewige Bedeutung der Menschheit Jesu für unser Gottesverhältnis: Ders., Schriften zur Theologie Bd. 3, 47–60; Karl Rahner 1967, Erlösung, in: Sacramentum Mundi 1, 1159–1176; Karl Rahner 1976, Grundkurs des Glaubens. Eine Einführung in den Begriff des Christentums, Freiburg i.Br.; Josef Sudbrack 1973, Beten ist menschlich. Aus der Erfahrung unseres Lebens mit Gott sprechen, Freiburg i.Br., 152–161.

Zu 4. Transpersonale Innerlichkeit? Beten als Einheit in Unterschiedenheit von Ich und Du (Mystik des Gebets)
Quellen:
Guigo II. der Kartäuser 1970, L'échelle des moines, Paris; Ignatius von Loyola 1983[6], Geistliche Übungen, Freiburg i.br. (= Exerzitienbuch = EB); Johannes vom Kreuz 1995, Die dunkle Nacht, Freiburg i.br.; Mechthild von Magdeburg 1995, Das fließende Licht der Gottheit, Stuttgart-Bad Cannstatt; Friedrich Ohly (Hg.) 1998, Das St. Trudperter Hohelied. Eine Lehre der liebenden Gotteserkenntnis, Frankfurt a.m.
Literatur:
Pierre Agaesse/Michel Sales 1980, Mystique III. La vie mystique chrétienne, in: Dictionnaire de Spiritualité 10, 1939–1984; Elizabeth A. Andersen 2000, The voices of Mechthild of Magdeburg, Oxford, 183–230; Hans Urs von Balthasar 1974, Zur Ortsbestimmung christlicher Mystik, in: Ders., Pneuma und Institution. Skizzen zur Theologie 4, Einsiedeln, 298–324; Wolfgang Böhme/Josef Sudbrack 1989 (Hg.), Der Christ von morgen – ein Mystiker? Grundformen mystischer Existenz, Würzburg/Stuttgart; Alois M. Haas 1997[2], Mystik als Aussage, Frankfurt/Main; Frank Houdek 2011, Die Grenzen des ignatianischen Gebets, in: Geist und Leben 84, 294–305; Willigis Jäger 1985[1]/1994[2], Kontemplatives Beten. Einführung nach Johannes vom Kreuz, Münsterschwarzach. Willigis Jäger 2000, Die Welle ist das Meer. Mystische Spiritualität, Freiburg i.br.; Willigis Jäger/Beatrice Grimm 2001, Der Himmel in dir. Einübung ins Körpergebet, München; Hildegund Keul 2004, Verschwiegene Gottesrede – die Mystik der Begine Mechthild von Magdeburg, Innsbruck, 215–436; Hildegund Keul 2007, Mechthild von Magdeburg. Poetin – Begine – Mystikerin, Freiburg i.br.; Dietmar Mieth 1998, Mystik IV. Systematisch-theologisch, in: Lexikon für Theologie und Kirche[3] 7, 593f; Karl Rahner 1962, Mystik VI. Theologisch, in: Lexikon für Theologie und Kirche[2] 7, 743–745; Karl Rahner 1966[1]/1971[2], Frömmigkeit früher und heute, in: Ders., Schriften zur Theologie 7, 11–31; Karl Rahner 1972, Gotteserfahrung heute, in: Ders., Schriften zur Theologie 9, 161–176; Karl Rahner 1980, Zur Theologie und Spiritualität der Pfarrseelsorge, in: Ders., Schriften zur Theologie 14, 148–165; Josef Sudbrack 1992[3], Mystik. Selbsterfahrung, kosmische Erfahrung, Gotteserfahrung, Mainz; Josef Sudbrack u.a. 1998, Meditation, in: Lexikon für Theologie und Kirche 7, 46–53; Ken Wilber 1990, Das Atman-Projekt. Der Mensch in transpersonaler Sicht, Paderborn.

Zu 5. Sprachregelungen für das Beten? Beten als innerkirchliche Kommunikation (Ekklesiologie des Gebets)
Kirchliche Dokumente:
Sekretariat der Deutschen Bischofskonferenz (Hg.) 2003[1]/2008[2], Leitlinien für das Gebet bei Treffen von Christen, Juden und Muslimen. Eine Handreichung der deutschen Bischöfe, Bonn.

Literatur:
Martin Bauschke/Walter Homolka/Rabeya Müller (Hg.) 2004, Gemeinsam vor Gott. Gebete aus Judentum, Christentum und Islam, Gütersloh; Richard Schaeffler 1988, Kleine Sprachlehre des Gebets, Einsiedeln/Trier; Josef Sudbrack 1973, Beten ist menschlich. Aus der Erfahrung unseres Lebens mit Gott sprechen, Freiburg i.Br., 162–173; Christian Troll 2008, »Die Muslime beten mit uns den einen Gott an« (LG 16). Zur Frage gemeinsamen Betens von Christen und Muslimen, in: CIBEDO-Beiträge Nr. 1, Frankfurt/Main.

Zu 6. »Herr, lehre uns beten!« Biblische Gebetsvorlagen

Allgemein:
Herbert Haag 1967, Wenn ihr betet …, Einsiedeln u.a.; Christoph Klein 2004, Das grenzüberschreitende Gebet. Zugänge zum Beten in unserer Zeit, Göttingen, 48–66; Carlo Maria Martini 2005, Die Heilige Schrift als Quelle christlichen Betens, in: Willi Lambert/Melanie Wolfers (Hg.) 2005, Dein Angesicht will ich suchen. Sinn und Gestalt christlichen Betens, Freiburg i.Br., 35–47.

Zu den Psalmen:
Frank-Lothar Hossfeld u.a. 1999, Psalmen, in: Lexikon für Theologie und Kirche 8, 689–701; Frank-Lothar Hossfeld/Erich Zenger 1993, Die Psalmen. Psalm 1–50: NEB, Würzburg; Johannes Marböck 2012, Die Psalmen – ein Strom, der trägt und verbindet. Weisung und Gebete unterwegs zur Königsherrschaft Gottes, in: Theologisch-praktische Quartalschrift 160, 70–80; Erich Zenger 1991³, Mit meinem Gott überspringe ich Mauern. Einführung in das Psalmenbuch, Freiburg i.Br.; Erich Zenger (Hg.) 1998, Der Psalter in Judentum und Christentum, Freiburg i.Br.

Zum Vater Unser:
Francois Bovon, Das Evangelium nach Lukas, Düsseldorf/Zürich, Band 2: Lk 9,51–14, 35, 117–143; Holger Finze-Michaelsen 2004, Vater Unser – Unser Vater. Entdeckungen im Gebet Jesu, Göttingen; Romano Guardini 1960, Gebet und Wahrheit. Meditationen über das Vater Unser, Würzburg; Ulrich Luz 2002⁵, Das Evangelium nach Matthäus, Düsseldorf/Zürich, Band 1: Mt 1–7, 432–458; Heinz Schürmann 1981⁴, Das Gebet des Herrn, Freiburg i.Br.; Gerd Theißen/Annette Merz 1996, Der historische Jesus, Göttingen, 239–241.

Zu 7. Mit Leib und Seele. Ausdrucksformen des Betens

Kirchenamtliche Dokumente:
Kongregation für die Glaubenslehre 1967, Instruktion Musicam Sacram, in: www.vatican.va/archive/hist_councils/ii_vatican_council/documents/vatii_instr_19670305_musicam-sacram_en.html (Stand: 1.8.11); Deutsche Bischofskonferenz (Hg.) 2005, Musik im Kirchenraum außerhalb der Liturgie, Bonn.

Literatur:
Meinrad Dufner 2009, Seele ist Körper, Münsterschwarzach; Philipp Harnoncourt/Hans Bernhard Meyer/Helmut Hucke, Singen und Musizieren, in: Gottesdienst der Kirche. Handbuch der Liturgiewissenschaft Band 3, 131–179; Anselm Grün 1995, Gebetsgebärden, in: Lexikon für Theologie und Kirche 4, 322f; Anselm Grün/Michael Reepen 1988, Gebetsgebärden, Münsterschwarzach; Romano Guardini 1922, Von heiligen Zeichen, Würzburg; Michael Kunzler 1999, Leben in Christus, Paderborn, 181–198; Jacek Jan Pawlik u.a. 2000, Tanz, in: Lexikon für Theologie und Kirche 9, 1257–1260; Hugo Rahner 1952, Der spielende Mensch, Einsiedeln; Hugo Rahner 1973, Die Anwendung der Sinne in der Betrachtungsmethode des hl. Ignatius von Loyola, in: Wilhelm Bitter: Meditation in Religion und Psychotherapie, Stuttgart, 45–71; A. Ronald Sequeira 1977, Spielende Liturgie, Freiburg i.Br.; A. Ronald Sequeira 1987, Gottesdienst als menschliche Ausdruckshandlung, in: Gottesdienst der Kirche. Handbuch der Liturgiewissenschaft Band 3, 7–39; Gereon Vogler/Josef Sudbrack/Emmanuela Kohlhaas 1995, Tanz und Spiritualität, Mainz.

Zu 8. Beten im Pulsschlag des Lebens. Klassische Gestalten des Betens

Quellentexte:
Emmanuel Jungclaussen (Hg.) 1974, Aufrichtige Erzählungen eines russischen Pilgers, Freiburg i.Br.
Kirchenamtliche Dokumente:
Kongregation für die Glaubenslehre 1989, Schreiben an die Bischöfe über einige Aspekte der christlichen Meditation, in: www.vatican.va/roman_curia/congregations/cfaith/documents/rc_con_cfaith_doc_19891510_meditazione-cristiana_ge.html (Stand 26.6.11).
Literatur:
Josef Bill 1999, Revision de Vie, in: Lexikon für Theologie und Kirche 8, 1143f; Deutsche Bischofskonferenz (Hg.) 1978, Beten mit der Kirche. Hilfen zum neuen Stundengebet, Regensburg; Philipp Harnoncourt/Hans Bernhard Meyer/Helmut Hucke, Singen und Musizieren, in: Gottesdienst der Kirche. Handbuch der Liturgiewissenschaft Band 3, 131–179; Angelus Häußling 2000, Tagzeitenliturgie, in: Lexikon für Theologie und Kirche 9, 1232–1241; Christoph Klein 2004, Das grenzüberschreitende Gebet. Zugänge zum Beten in unserer Zeit, Göttingen, 96–112; Michael Kunzler 1999, Leben in Christus, Paderborn, 199–218; Dorothee Mann 1998, 123–126; Michael B. Merz 1987, Gebetsformen in der Liturgie, in: Gottesdienst der Kirche. Handbuch der Liturgiewissenschaft Band 3, 97–130; Amos Pichler 1996, Jesusgebet, Jesusmystik: Lexikon für Theologie und Kirche 5, 846f; Karl Rahner 1949, Von der Not und dem Segen des Gebets, Innsbruck, 62–77; Karl Rahner 1957, Geistliches Abendgespräch über den Schlaf, das Gebet und andere Dinge, in: Ders., Schriften zur Theologie 3, 263–281; Michael Rosenberger 2005¹/2008², Wege, die bewegen. Eine kleine Theologie der Wallfahrt, Würzburg; Fidelis Ruppert/Anselm Grün 1982, Bete und arbeite, Münsterschwarzach; Manfred

Scheuer 2005, Das liturgische Gebet, in: Willi Lambert/Melanie Wolfers (Hg.) 2005, 136–151; Josef Sudbrack 1973, Beten ist menschlich. Aus der Erfahrung unseres Lebens mit Gott sprechen, Freiburg i.br. 186–198; Josef Sudbrack u.a. 1998, Meditation: Lexikon für Theologie und Kirche 7, 46–53; Hans Waldenfels 2001, Zen, in: Lexikon für Theologie und Kirche 10, 1420–1422.

Zu 9. »Herr, gib!« Wie und was »bewirkt« Beten?
Christoph Böttigheimer 2011, Die Not des Bittgebets. Eine Ursache der gegenwärtigen Gotteskrise? In: Stimmen der Zeit 229, 435–444; Vincent Brümmer 1985, Was tun wir, wenn wir beten? Eine philosophische Untersuchung, Marburg; Gisbert Greshake/Gerhard Lohfink (Hg.) 1978, Bittgebet – Testfall des Glaubens, Mainz; Christoph Klein 2004, Das grenzüberschreitende Gebet. Zugänge zum Beten in unserer Zeit, Göttingen, 20–24; Karl-Heinz Menke 2000, Handelt Gott, wenn ich ihn bitte? Regensburg; Karl Rahner 1949, Von der Not und dem Segen des Gebets, Innsbruck, 78–94; Michael Rosenberger 2006, Determinismus und Freiheit. Das Subjekt als Teilnehmer, Darmstadt; Hans Schaller 2005, Die Würde des Bittgebets, in: Willi Lambert/Melanie Wolfers (Hg.) 2005, Dein Angesicht will ich suchen. Sinn und Gestalt christlichen Betens, Freiburg i.br., 152–164; Hansjörg Schmid/Andreas Renz/Jutta Sperber (Hg.) 2006, »Im Namen Gottes«. Theologie und Praxis des Gebets in Christentum und Islam, Regensburg, 73–123; Magnus Striet (Hg.) 2010, Hilft beten? Schwierigkeiten mit dem Bittgebet, Freiburg i.br.

Zu 10. Wer und was uns zu beten lehrt. Mystagogik des Gebets
Michael Blume 2011, Lehrt nur Not beten? Zum komplexen Zusammenhang von Religion und Glück, in: Mitteilungen der Berliner Gesellschaft für Anthropologie, Ethnologie und Urgeschichte 32 (Seitenangabe lag bei Redaktionsschluss noch nicht vor); Edgar Josef Korherr 1991, Beten lehren. Beten lernen. Grundkurs der Gebetspädagogik mit Übungsvorschlägen, Graz.

Personenregister